「不登校は先生のせいです」

「つねに笑顔で
授業をして！」

「うちはうちのやり方で
躾をしていますから」

「子どもたちの様子を
学校のブログにあげて！」

「教育委員会でも、
そう言っているので……」

「だって、先生たちは
公務員でしょう」

「放課後も学校で
子どもを預かって！」

「他の保護者との
トラブルの仲裁をして！」

「クラスごとに違いがないようにして！」

「誰、このおじさん？」

「訴える！」

公立小学校教諭
大学非常勤講師
齋藤 浩

「猫の引き
取り手を探して！」

追いつめられる教師たち

「なくなった
教科書を探して！」

「ゲームをやり過ぎないように注意して！」

草思社

「具合が悪いけど学校に行かせたので面倒を見て！」

「嫌いなものを食べて
吐かないか見ていて！」

「旅行先から
オンライン授業に
参加させて！」

「水筒を持ち帰るように
呼びかけて！」

「子どもの発表会を見にきて！」

「できるだけ子どもと一緒に遊んで！」

「答えられそうな
表情をしていたら
指名してあげて！」

「触らぬ神に
祟りなしですよ」

追いつめられる教師たち……目次

第4章……文部科学省も教育委員会も教師の味方じゃない！

第5章……覚悟のない人間が校長になるな！——155

はじめに――

教師の我慢も限界にきている！

冒頭から個人的な話で恐縮だが、自身の教師生活が残り一年となり、三九年間の教師生活に一度ピリオドを打とうとしている。その時々で大変なことはあったが、思い返せば幸せな教師生活だった。

結婚したことを教室で報告すれば、

「先生、おめでとうございます！」

保護者たちが集まってお祝いの品を持ってきてくれた。

わが子が生まれたときには、クラスの子どもたちが拍手で祝福してくれた。

転勤する際に、車に乗りきらないほどの花束をもらったこともある。

「先生、これまで本当にありがとうございます」

「こちらこそ、ありがとうございました」

子どもたちや保護者の方々と、何度こんな会話を繰り広げたことだろう。

ただ、教師としての最後の一〇年間が、これまでの教師生活のなかでもいささかきびしい時間になったことは事実である。

昔の教師のように敬ってほしいわけではもちろんない。ただ、保護者や子どもたちの一部から、じわじわと教師軽視（または軽蔑）の波が押し寄せてきて、以前のように気持ちよく仕事ができなくなってしまったのだ。

「先生なんだから、子どもたちのためにいろいろやってくれて当然でしょう」

「なんで先生が、俺たちに命令するんだよ」

何度もこんな状況に直面して、私は息苦しさを覚えるようになった。

私の教師生活は残り少ないが、一緒に仕事をしてきた若い教師たちにはまだ何十年もの時間が残っている。

「これからの時代は大変だなあ」

ことあるごとにそんな台詞が口を突いて出てしまう。そして若手教師たちの多くは、

「定年退職までこの仕事をできるかどうか、わかりません」

と不安を口にしている。彼らがそう感じる理由は、

「保護者との関わりに自信が持てません」

「年々、子どもが言うことを聞かなくなってきたように感じていて、限界を感じます」

というもので、教師の本分であるはずの授業そのものではなく、保護者や子どもたちとの関係性に彼らは悩み苦しんでいるのだ。

若手教師がこうした意識なのだから、教育実習で来校する大学生たちの姿勢もずいぶんと変わってきている。

以前であれば、

「将来、先生になるの？」

という質問に全員が「はい！」と答えていたが、ここ一〇年ほどは、

「自分にできるかどうかわからないので、迷っています」

「正直、自分に向いているのかどうかわかりません」

こんなふうに不安を口にする回答が増えてきた。これからの教育を担うべき若手が、学校での経験を経て尻ごみする事態になってしまっているのだ。

行政も、ようやく重い腰を上げようとしている。教師のなり手が減り続けていることに鑑み、待遇を上げていこうというのだ。ニュースには一見すると魅力的な言葉が並んだ。

□教員の人材確保に向けて、「残業代」（基本給に上乗せされる「教職調整額」と呼ばれる手当）を給与月額の四パーセントから一〇パーセント以上に増額する。

□教員の残業時間を、上限の半分以下となる月二〇時間程度にする。

だが、じつはこうした施策も、われわれ教師をバカにしたものなのだ。作家でタレントの乙武洋匡氏は、自身のX（旧ツイッター）にこう書きこんでいる。

〈月給30万円の教師なら「1・2万円→3万円」になるだけです。みなさんは、3万円の報酬で月80時間以上の残業を請け負いますか？〉

本当に、そのとおりだ。

「月に一万八千円も増やすのだから、これでいいだろう」

そう言われているかのようである。

そもそも、残業時間が月二〇時間ですむわけがない。通常の授業準備、児童生徒指導、行事の準備などだけでも大変なのに、小学校では英語の教科化、アクティブラーニングの導入、プログラミング学習、道徳の教科化などにも対応しなければならない。さらに、生成系ＡＩをどう活用するかといった問題も登場している。

現状では、子どもたちのノートのチェックをしたり、テストの採点をしたりするだけで、毎日少なくとも一時間の残業、つまり月二〇時間の残業になってしまっている。今のシステムのままでは、月二〇時間の残業で教師の仕事が終わるはずがないのだ。

それなのに行政の側は、

「残業時間を二〇時間程度にしましょう」

と涼しい顔で言ってくる。本当に残業時間を見直すのであれば、教師の仕事を授業だけに限定すべきである。他に持って行きようがないのかもしれないが、さまざまな仕事を教師に丸投げしておいて、

「さあ、先生たちも早く帰りましょう」

と言われても困る。これでは精神疾患を理由に休職する教師が減るはずはなく、同時に教師を志す若手が増えるはずもない。待遇は微々たる程度しか改善しない、権限も付与しない、業務改善もしない。それで教師を取り巻く状況がよくなるわけがないのだ。

そもそも、昔から教師には何時間仕事をしようと手当の上乗せなどなかった。社会の側も、それを当然と考えている雰囲気があった。それでも、教師を志す若者は多く、教員採用試験の倍率が一〇倍を大きく超える年もあったほどだ。

それは、教師という仕事そのものに大きな魅力があったからだ。子どもたちと触れ合い、ともに素敵な思い出をつくっていけるという、他の仕事では得がたい魅力である。

ところが、今や子どもたちは教師の言うことを聞かなくなり、保護者の一部からは無理難題を押しつけられることも増えてきた。だから、教師の仕事が増え、精神疾患が激増しているのだ。教員志望者が激減しているのも当然である。

なのに、その状況には目をつぶって、

「お金を少し増やすからいいでしょう」

「そもそも、長時間の残業なんかしなくたっていいんですよ」

と的外れな条件を提示して納得させようなど、あまりにわれわれ教師をバカにしている。

われわれ教師はただ、やりがいを持って仕事をしたいだけだ。

こうした状況が何十年も続くはずはない。なぜなら、われわれ教師の我慢も限界にきているからだ。あえて地域や学校名は書かないが、先日、〈教員免許を持たない校長と職員が授業していたことがわかった。県は教育職員免許法違反に当たるとして、改善を求めて指導。学校側は取材に、新型コロナウイルス感染拡大の影響で、教員の確保が困難になったと釈明した〉

というニュースが飛びこんできた。だが、驚きはなかった。そうでもしなければ人員が足りないことは、私自身も肌感覚で実感していることだからだ。

こうした事例は氷山の一角であろう。やがては、年度はじめにクラスの担任が揃わないという事態が、あちこちの学校で見られるようになるはずだ。そうなってしまったら、もはや手遅れである。

すでに教師の数は全国的に足りていないが、それを急に増やすことはできない。なんとか頭数を確保しようと、教員免許を持たない社会人も教師として教壇に立てるように規制緩和が進みつつあるようだ。もう、なんでもありになってきているのだ。

これからの教育界のことを考えるのであれば、そして子どもたちの未来を考えるのであれば、こんな小手先の対応でごまかしてはいけない。今、現場で働いている教師のことをもっと大切にしなければ、これまで培ってきた日本の教育力が退化してしまう。一部の保護者や子どもたちに学校が振りまわされる状況を改善しなければ、自信を持って教壇に立つ教師が絶滅してしまう。

限界の一歩手前で踏みとどまっている今こそ、教師を取り巻く環境を抜本的に見直すタイミングなのではなかろうか。

第1章 教師は「なんでも屋」じゃない！

「だって、先生たちは公務員でしょう」

ＰＴＡの保護者の方がわれわれ教師のところに、会報などの原稿の依頼にこられることがある。

「先生、いつもお世話になっております」

これまで私のところにこられたのは感じのいい方たちばかりで、こちら側も「なんでもやります」という気持ちにさせてくれた。

ただ、われわれ教師が必要以上に愛想よく、なんでも受け入れそうな姿勢を見せ続けたからだろうか、保護者の一部には、

「学校の先生はいくら使ってもタダなんだから、なんでも言わないと損するわよ」

と教師をバカにするような態度を隠さない保護者もいるらしい。

「それは、ダメでしょう」

と別の保護者が注意しても、悪びれる様子はなかったという。

「だって、先生たちは公務員でしょう。私たちのために動いてくれて当然じゃないの」

言っておくが、われわれ教師は雑用係ではない。大学で教職の単位をとり、教科の指導法などを学んで教壇に立っている教育のプロなのだ。

「家のまわりに変な中学生がいるんです。先生、ちょっと見にきてくれませんか」

実際にある保護者からこんな依頼を受けたときは、心底驚いた。悪びれた様子などまったくない。家のまわりのパトロールまで教師の仕事だと思いこんでいるのだ。

こうした意識はこの保護者だけのものではないだろう。教師に対する社会通念といった

ら大袈裟かもしれないが、世の中に、

「学校の先生なんだから、人のために尽くすのは当然でしょう」

という空気が充満しているように思えるのだ。だが、われわれ教師も生身の人間である。

体も疲れるし、気分だって落ちこむ。近所のパトロールを頼まれたときには、

「ああ、俺たち教師の存在意義とは……」

と、みなでがっくりきたものだ。

ただ、同僚の教師のなかには、そうした意識さえ消えかけている者もいる。

「でも、保護者の方がお願いしているんだから……」

少しでも手を貸して感謝されるのであれば、それも教師の存在意義を高めることにつながるのではないかという考え方をする者もいるのだ。もはや、危機的な状況である。

「なくなった教科書を探して！」

長年、児童指導の担当をしていると、校内のさまざまな情報が入ってくる。近年感じる

のが、保護者からいただく連絡帳にさまざまな要望が書きこまれるようになってきたということと、担任に提出される連絡帳の数自体も増えてきているということだ。

「先生、朝教室に行ったら、今日は一〇冊以上の連絡帳が置かれていました……」

担任の教師がなぜ困惑するのかというと、一冊ずつ返事を書いていくのに膨大な時間がかかるからだ。休み時間だけでは足りず、しかたなく授業中に書くこともある。本業（授業）がおろそかになりかねない事態なのだ。

連絡帳の内容も、子どもの健康状態に関することだったり、早退や欠席のことだったりするのならば、まだわかる。

ただ、こんなことをわざわざ連絡帳に書いてくる意味があるのかと、疑問を感じるものも少なくない。

「習字の筆が見つからなかったので、予備の筆を貸し出してほしい」

子どもが自分で担任の教師に言えば、それですむような内容だ。それをいちいち連絡帳に書いてくるのはなぜなのだろうか。それぞれの連絡帳にきちんと返事を書くために、教師の側は頭をひねって文章を推敲することになる。その手間は想像できないのだろうか。

そして、それ以上に問題なのが、ちょっとしたことでも親が代弁してやることで、子どもの〝生きる力〟を奪ってしまうことなのだが、それにも気づかないのだろうか。

最近、特に多く感じるのが、教師をなんでも屋だと思っているかのような要望だ。代表的なものが、

「なくなった教科書を探してほしい」

というものだ。何日も探して、それでもまだ見つからない、というのであればまだ理解できる。だが、子どもに事情を聞いてみると、ろくに探しもしないで気軽に連絡帳に記入していることもよくあるのだ。だから、すぐに見つかる。だいたい、机のなかやロッカーから見つかる。

「まず、自分でよく探してみなさい」

という当然の一言がないのだ。子どもがきちんと探してもいないのに、「教科書がない」と言ったら、

「じゃあ、先生に出す連絡帳に書いてあげる」

となっているようなのだ。教科書の紛失の場合、かなり多いのが、子どもたちの家のなかで見つかるケースである。学校ではどうしても見つからなかった旨を連絡帳で返信して、そのあと、

「すみません！　子どもの勉強机の後ろに落ちていました」

といった返事があるのはまだいいほう。けっこう多いのが、なくなった連絡をするだけしておいて、あとは知らん顔というケースである。子どもに、次の日も一緒に教科書を探そうと言うと、

「先生、家にあったから大丈夫」

この段階ではじめて教科書が見つかったことを知る場合も多い。一時的であっても教科書をなくしたのは本人の管理の問題なのだが、

「じゃあ、先生に探してもらいましょう」

簡単にそういう依頼が発生する。教科書を子どもと一緒に探すのも教師の仕事だと考えているようなのだ。そこには、余計な手間をかけてしまって申し訳ないといった感情はまったく発生していない。

以前、ある保護者から、

「子どもが帰ってこない。先生たちにも探してほしい！」

電話越しにも、血相を変えている様子がわかる連絡が入ったことがあった。教職員一同、周辺を探しはじめたが、いくら探しても見つからない。

「これは、大変なことになったな……」

と思いながら、あらためて保護者に電話をして途中経過を報告すると、

「ああ、さっき家に帰ってきました」

思いがけない言葉が返ってきたこともある。われわれ教師が必死に探していることなど、まったく意に介していないようだった。子どもの無事をよろこびながらも、大きな無力感に襲われたのも事実である。

「放課後も学校で子どもを預かって！」

放課後も子どもの面倒をみてほしいというのも、いかにもわれわれ教師をバカにした要望である。そもそも、学校は託児所ではない。ただ、一部の保護者の認識においては、学校というのは昼間子どもたちを預かっている場所なのだから、ときには、

「その延長で放課後もお願いしたい」

ということになるらしい。電話越しにいくらか恐縮している様子が伝わってくることも

あるが、それでも「学校で預かってほしい」という意思に変化はない。いくら話をしても押し問答が続くだけなので、学校としては、しかたなく、

「今回だけですよ」

ということになりがちだ。本来であれば、人さまに迷惑をかけないような生き方を親が子どもに教えるべきところを、

「どうしても今日は、仕事の都合がつかないので……」

で学校にお鉢がまわってくる。自分の都合が優先されるのだ。

たしかに放課後、子どもを預かってくれる場所は限定的である。小さな子どもを一人で家に置いておくというのも心配だが、急なことなので、ママ友には頼みにくい。高いお金を出せば対応してくれるところもあるが、それは避けたい。そこで、

「安全かつ無償で預かってくれるから……」

と学校が選択されるようなのだ。

読者のなかには、もしかしたら、「そうは言っても、保護者のほうもやむをえない状況なのだから、教師は善意の対応をして当然ではないのか」とお考えになる方がいるかもしれない。

たしかに、ごくまれにだが、そうした非常事態もある。ただ多くの場合において、学校を「最終的な託児所」として利用する保護者は、やむをえない場合でなくても気軽に学校に子どもを預けようとする。さらには、

「うちは学校で預かってもらったわよ」

と他の保護者にも言いふらす。一度そうした依頼を引き受けてしまうと、別の保護者からも同じ依頼がくるのは、こうした理由による。

いきなり、今日は放課後も子どもを預かっておいてくれと言われて、電話を受けた教師が困惑していると、保護者の側はたたみかけてくる。

「じゃあ、子どもを一人で家に置いておけっていうことですか」

ここまで言われたら、おそらく多くの教師は了承するしかなくなるだろう。困っている子どもを放置する冷たい教師だというレッテルを貼られることは避けたいからだ。こういう言い方をしてくる保護者は、それを知っている。だから、なんだかんだ言って粘っていれば、粘り勝ちできると判断しているのだ。

付け加えると、保護者が学校に預けるのは、なにも子どもだけではない。

「このカメを学校で飼ってほしい」

お祭りかなにかでもらったものらしい。はじめは小さなカメもやがて大きくなり、家で飼うのは一苦労。そこで、

「学校なら場所もあるし、みんなもよろこぶんじゃないですか」

自分本位な結論とともに、カメが学校に持ちこまれるのだ。「みんながよろこぶ」という口実をつくって、飼育を放棄する罪悪感を免れようとしているのだろうか。

これまでに赴任したあちこちの学校で、大きくなったミドリガメを目にした記憶がある。カメにはまったく罪はないのだが、学校で飼われているカメを見て複雑な気持ちになる教師は決して私だけではないだろう。

「猫の引き取り手を探して！」

誰かに猫を引き取ってほしい、できれば学校で引き取り先を探してほしい、といった類の要望が教師に持ちこまれることもある。私自身も何度か現場に立ち会ったり、他の教員から話を聞いたりしたこともある。

「道で見つけた段ボールのなかに赤ちゃん猫が五匹もいて……」

というような善意の申し出もあるが、

「家で飼っていた猫がたくさん赤ちゃんを産んじゃって……」

飼い主としての責任を学校に転嫁してくるケースもまま見られる。

多くの場合、この手の依頼をしてくる保護者に悪びれた様子はない。

「学校の先生なら、たくさんネットワークもお持ちでしょうし」

教師なら難なく、動物の引き取り手くらい見つけられるものと考えているようだ。

「誰か、猫をもらってくれる人？」

「はーい」

そんな簡単なやりとりが教室で繰り広げられるとでも思っているのだろうか。

そもそも、教育活動に直接関係のない「題材」を教室に持ちこむことはできない。かりにクラスの誰かが猫を飼いたいと言ったとしても、保護者がそれを許すかどうかもわからない。教師がその子の親に連絡をとって、猫の引き取りが実際に可能かどうか聞くようなまねもはばかられる。

それに動物の場合は、アレルギーの問題もあるから、

「学校の中庭に広いゲージがあるみたいだから、そこで……」

そんなことを言われても、簡単に了解することはできないのだ。

教師の仕事について、一部の保護者からは楽なものだと思われているふしがある。子どもたちは午後三時に帰るのだから、われわれ教師の仕事もそこで終わるものと思われているらしいのだ。

だが実際には、教師の業務の多くは、子どもたちが下校してはじめて取り掛かれるものばかりだ。テストの採点、学級通信の発行、会議、行事の計画、授業準備……など、とても月二〇時間の残業ですむような量ではない。はっきり言って、猫の引き取り手を探す暇などはない。

それでも、先生ならなんとかしてくれるのではないかと保護者が考える背景として、

「先生は絶対に断らない」

そんな前提が存在しているように感じられる。

たしかに、われわれ教師は保護者の要望を断りにくい。猫の引き取り手を探してほしいというような理不尽な要求であっても、

「そんなことは無理です」

一刀両断に断るのはたやすくない。昨今の教師は評判の良し悪しが生命線の稼業になってしまっているので、

「あの先生、なんか感じ悪いよね」

そんなマイナスの評価が命取りになることもある。無理難題を平気で持ちかけてくる保護者は、そんなわれわれ教師のウィークポイントをよく理解していると思う。

あまりの雑事の多さにうんざりした同僚が、ある日、ため息交じりにつぶやいた。

「私たちの仕事って、実際はなんなんですかね？」

「子どもたちの〝生きる力〟を育むことなんじゃないかな」

そう答えはしたものの、それがずっとおろそかになっている状況があることに暗然たる思いがした。

「ゲームをやり過ぎないように注意して！」

家でゲームばかりやらないように注意してほしいと教師に依頼する保護者がいるが、こ

れは他人（教師も含む）に頼むような内容だろうか。教師を専門職だと考えていたら、絶対にこんな依頼はできないはずである。

ただ、保護者が教師にこんな要求をしてくる背景はたやすく想像できる。ゲームをやり過ぎないように何度か注意はした。しかし、親の言うことを聞かない。だから、先生から注意してもらおう。そういう安易な姿勢がはっきり見てとれる。

そもそも、ゲームをする時間をコントロールすべきなのは誰だろうか。一番はその子自身。二番目は家庭だ。三番目はない。これはあくまでも家庭のなかの話で、家の外に持ち出すような問題ではない。

きびしいことを言うようだが、子育て中の親であるのなら、わが子にきちんと訴えかけて、問題行動をしないように促すことができなければならない。小学生のうちから言うことを聞かせられないのだとしたら、その先、その家族が大きな試練に立ち向かうことなど不可能である。

なのに簡単に、

「では、ここは先生に入ってもらって」

ということになるのは、教師に頼むのは無償であるうえに秘密も守ってくれるという利点があるからだろう。

そういうことを依頼してくる保護者には、それが教師にどのような負担をかけるのかという洞察力も欠けていると思う。教師は次にその子の保護者に会ったときには、ふだんの観察の様子を伝えられるように不必要なまでに気を配らなければならなくなるのだ。

そもそも、家庭のプライベートな問題を教師に相談して恥ずかしくないのか不思議である。教師にその手の依頼をするということは、前提として保護者が子どもを指導できていないということになる。この子の家庭には規律がないのかと思われるのは確実なのに、担任に依頼してくるのは、

「ああ、先生にこんなことをお願いして恥ずかしい」

という羞恥心がないことを意味している。羞恥心がないから、家庭で解決すべき問題を学校に丸投げするのも平気なのだろう。

こうした羞恥心の欠如はどこからやってくるのだろうか。私は教師という存在がパブリックな存在ではなくなってしまったためだと考えている。その子や保護者を構成する家庭といったプライベート空間のなかに、学校や教師も取り込まれてしまっているように見える。

だから、恥ずかしげもなく、

「平日のほうが旅行代金が安いので、休ませます」

だから、コロナでオンライン授業をやっているときに、

「旅行先から授業に参加したいのですが」

なんの躊躇《ちゅうちょ》もなく要求してくるのだ（これについては後述する）。

このような感覚だから、ゲームをやり過ぎないように注意してほしいなどという要望がどれだけトンチンカンなのかも理解できないのだろう。

「なんで俺たちがそんなことまで頼まれなければならないんだ？」

本当はそう言いたいところだが、実際に言ってしまったら角が立つ。そうしているうちに、われわれ教師はなんでも屋的な存在になっていくのだ。

「他の保護者とのトラブルの仲裁をして！」

保護者間の揉めごとを仲裁してほしいという依頼が、とある保護者から寄せられたこともある。いったい、われわれ教師の仕事をなんだと思っているのだろうか。ここまでくる

と、怒りを通り越して無力感に苛《さいな》まれる。

質の高い授業をして、子どもたちの学力を高めること。それこそが、われわれ教師の本分なのだが、そんなことはおかまいなしの依頼なのだ。

ここでは具体的な諍《いさか》いの内容まで書けないが、両方の保護者に連絡をとり、仲裁するには相応の時間がかかる。出たとこ勝負というわけにはいかないので、綿密な準備が必要になる。

「こう言われたら、こう対応しよう」

想定されるいくつものケースについてリアクションを考え、シミュレーションを繰り返す。時間がかかるだけでなく、神経もすり減る。そもそも当事者同士でダメだったのだから、第三者が入って話をまとめるのは至難の業なのだ。それを平気で、教師に頼んでくるのはなぜなのか。

「きっと先生がなんとかしてくれる」

と思うのだろう。だが、不調に終わったとしたら、

「あれだけお願いしたのに、どうして解決してくれなかったのですか」

糾弾されること必至だ。教師が子どものために動くのは当然という考え方が拡大解釈さ

れ、保護者のためにも動くべきという意識を持たれているようである。

繰り返し述べるが、われわれ教師は子どもたちの〝生きる力〟を育むために存在している。保護者間の問題を解決するために存在しているのではない。にもかかわらず、

「私たちのために動いてくれて当然じゃないですか」

一部にこうした意識を持つ保護者がいることは否定できない。子どもの担任をいつの間にか、自分たちの先生（＝なんでも手伝ってくれる人）だと曲解しているのだ。

実際にこうした事態に遭遇したとき、多くの教師はどうするだろうか。おそらく、例外なく仲裁に入ろうとするはずだ。そんなことは自分たちの仕事でないと百も承知している。それでも、対応する。拒否すれば、保護者の不満の刃がわれわれ教師に向くことを知っているからだ。だから、理不尽な申し出でも、しぶしぶ受け入れる。

じつはわれわれ教師は、大人同士の仲裁は不得手だ。日常的に経験が少ないからだ。仲裁を頼んだ保護者も、教師に呼ばれて学校にくる保護者も、本当はどちらも事を荒立てたくはない場合が多い。その結果、

「そもそも先生がしっかりしていないから、こんなに揉めるんじゃないですか」

すべては教師の責任だという、なんとも理不尽な結論で話が終わったこともある。教師

に仲裁を頼んできた保護者も、この意見に同調した。わざわざ面倒な仲裁を引き受けた教師にとっては裏切り行為もいいところなのだが、言い返すことはできない。それが、われわれ教師が置かれている立場なのである。

「少年サッカーのコーチをして！」

「先生、子どもたちのサッカーのコーチをしてください」

私が新しい学校に赴任してまもない六月に、保護者から言われた言葉だ。いきなり電話で、少年サッカーチームのコーチ役を依頼されたので、

「この学校には転任者が放課後の少年サッカーを教える、いわば通過儀礼のようなものがあるのか」

正直そう思ったものである。だが、保護者によくよく話を聞いてみると、

「コーチの数が足りないので、お手伝いをお願いしたい」

というものだった。私はサッカー経験者ではないが、子どもたちに誘われて休み時間に

よくサッカーをしていた。よほど楽しそうに見えたのだろう。サッカーチームの保護者のあいだで話題になり、白羽の矢が立ったというわけだ。

どうしたものかと校長に相談してみると、

「ご自身で判断してください」

とのこと。判断材料になるアドバイスもなかった。

「放課後といっても勤務時間中の話なのに、ここで自分が首を縦に振ればコーチになってしまうんだ」

そこにも驚いた。

子どものためということになれば、教師は身を粉にして働かなければならないという旧態依然とした文化が教育現場には残っている。コーチ役もその一環なのだ。

困ったあげく、同僚に相談してみると、

「それは引き受けるべきではない」

という明快な回答。考えてみると、まったくそのとおりだった。

「先生は放課後、クラスの子たちとサッカーをして遊んでいるから、よっぽど余裕があると思われたんじゃないですか」

たしかに、その当時は放課後も子どもたちとよく遊んでいた。われわれ教師は授業が終わったあとは暇で、時間を持てあましているという誤ったメッセージを保護者に送ってしまっていたのかもしれない。

実際には、放課後子どもたちと遊ぶことで、その時間にすべき仕事は後回しになり、必然的にわれわれの帰宅時間は遅くなる。そんなことを保護者が知るよしもなく、安易な気持ちでコーチを依頼してきたのだろう。

それにしても、他人にものを頼むという行為はそれなりにハードルが高いはずなのだが、われわれ教師が相手ならそうしたハードルは低くなるらしい。私に電話してきた保護者は別のクラスの子どもの母親だった。面識がない相手である。なのに恐る恐るという感じはまるでなく、さわやかな雰囲気さえ伝わってきた。

学校の先生にはなんでも頼めて、都合のいいことに無償。そうした状況がときにわれわれ教師を追いこみ、教員志願者を激減させる要因になっているのだから、現場で戦っている人間が声を上げる必要があるだろう。

「できるだけ子どもと一緒に遊んで！」

保護者が教師に「子どもたちと一緒に遊んでほしい」と言うとき、彼らが望んでいるのは、「先生が監視役として側にいてほしい」ということだ。決して、子どもたちと教師が仲良く楽しげに遊んでいるうるわしい光景を見たいからではない。

子どもたちだけで遊んでいて、万が一、わが子が傷つくようなトラブルが起きないか、それが心配なだけなのだ。あまりに身勝手で都合のいい要望である。

そもそも、子どもの世界に不用意に大人が入りこむべきではない。子どもたち同士で困難や課題を解決する機会を奪ってしまうからだ。たとえば、ケンカが起こったとき、「ケンカするのは二人とも悪いんだから。さあ、おたがいに謝りなさい」

大人が仲裁ばかりしていたら、子どもたちの課題解決力を奪ってしまう。子どもたちだけで遊んでいれば、ときにケンカをしたり諍いがあったりするだろうし、いじけて家に帰る子も出るだろう。帰った子をどうするか、残った子どもたちで話し合いになることも考えられる。遊びのルールを変更して、みんなが納得できるかたちに修正する、といったことも必要になるかもしれない。

子どもたちにはこうした試行錯誤が必要で、この過程こそが彼らの〝生きる力〟を育んでいくのだ。

それを大人が仕切ってしまうと、どうしても審判とプレーヤーというような立ち位置になってしまう。子どもたちだけで遊ぶことで得られるメリットが失われるのである。

「子どもは自由だから遊ぶのではなく、遊ぶから自由になれる」

これは、ドイツの教育学者ヘルマン・レールルスの言葉である。

そこにわれわれ教師を介入させようとする保護者は、

「子どものために……」

と口では言っているが、実際には自分のためなのだ。自分が安心したいから、保険をかけるように教師を使うのだ。

同僚の様子を見ていると、保護者の意向に全面的に応えているケースもあるにはあるが、

「毎回はちょっとむずかしいのですが、可能な範囲でやってみます」

なんとも煮えきらない返事になっていることも多い。だいたいはそこでやりとりが終わ

るようだが、なかには、

「隣のクラスの先生は毎日遊んでくれていますよ」

と脅しともとれるような言い方でさらに迫ってくる保護者もいる。

休み時間や放課後に子どもたちと遊ぶことで、われわれ教師の時間は失われる。幼い子どもがいる教師の場合は、保育園に迎えに行く時間も決まっている。休み時間には、積んである連絡帳の返事も書かなければならない。その日のうちに連絡帳を返却できなければ、

「先生、ちゃんと連絡帳を見てくれたんですか」

夕方にはお叱りの電話をもらうこともある。つまり、子どものために遊ぶことが必須となれば、担任としてクラスを受け持つことができる教師がより限定的になってくるのだ。

休み時間や放課後に子どもたちと遊ぶことはできなくても、定着率の高い工夫された授業を展開できれば、それは間違いなく有能な教師なのだが、残念ながらそのことがなかなか理解されない。

保護者から理不尽な要望が届くたび、われわれ教師は心のなかで、

「子どもたち全体のために働くことはあっても、あなたの都合のために働くつもりはない」

と思っている。それを理解してほしい。

たとえば、いささか荒唐無稽な仮定だが、教師の側が逆に保護者に対してこんなことを依頼したら、どうなるだろう。

「今回のテストは成績には関係ありませんので、ご家庭で採点をお願いできませんか。解答をお渡ししますので、それを見ながらやっていただければ大丈夫です。子どものためにお願いします」

などという依頼をしたら、

「私たちは雑用係ではありません」

と大反発を受けるのではないだろうか。おたがい「子どものため」という言葉を都合よく使わないようにしたいものである。

「子どもたちの様子を学校のブログにあげて！」

これは私が勤務していた自治体だけの話なのだろうか。一時期、

「学校生活の様子をできるだけブログにあげてください」

情報公開という名目で、そんな要望が学校に数多くきていた。活発に発信している他の小学校のサイトを見てみると、毎日のように更新しているところもある。多くの写真に丁寧なコメント。相当な労力だということが想像される。

ネット上で公開する写真を選ぶ際は、掲載不可の家庭をかならず確認しなければならず、不注意で該当する子どもが載らないように神経を配る。コメントは文字として残るので、さらに神経をすり減らす。校正に校正を重ね、複数の目で確認してからようやく自校のブログにアップという運びになる。まず、勤務時間外でなければできない作業である。

「学校のブログで子どもたちの様子を見たい」

保護者がそう言う意味はわかるが、これもまた教師の時間を奪う作業になるのだという現実は理解されていない。

学級通信を発行してほしいという要望も多い。担任なら学級通信を発行して当然だという意識の保護者もいる。

たしかにないよりはあったほうがいいだろうが、現状は各担任の判断に委ねられている。なかには三〇分もかけずに学級通信を仕上げてしまう教師もいるが、何日もかけて推敲・校正を重ねてなんとか発行しているという担任もいる。文章をまとめることが不得手とい

うより、

「こう書いたら、保護者にどんな印象を与えるだろうか……」

あれこれ悩んでいるうちに時間がかかってしまうようだ。これを定期的に発行しなければならないとなると、膨大な残業時間が必要になる。

われわれ教師もそれぞれが個性を持つ人間なので、教師としてなにに力点を置くかも異なる。学級通信を毎日発行することに価値を見出すタイプがいれば、授業準備の段階から実際の授業の状況を想定してリハーサルまで余念がないタイプもいる。担任以外の公務が多く、放課後は学校全体の仕事をする立場の教師だっている。教師としてやったほうがよいことをすべて網羅するとなると、誰も家に帰れなくなるだろう。

「定期的にブログを更新してほしい」

「学級通信を毎日発行してほしい」

「放課後も子どもと遊んでほしい」

その全部を達成してくださいということになったら、教師は潰れてしまう。

もちろん、授業がきちんとできていない教師がいれば遠慮なく指摘してほしい。われわれ教師の本分だからだ。

だが、ここであえて断言させてもらうが、学校のブログをこまめに更新するかどうかなど、子どもたちの〝生きる力〟を育むのに大した影響を与えない。それを教師に求めないでほしいのだ。

ちなみに、保護者の要望を受けて学級通信の発行頻度をあげた同僚がいた。頑張って発行しているにもかかわらず、再びこんな要望がきたという。

「もっと子どもたちの学校での活躍の様子を載せてください」

やむなく掲載する写真の数を増やしたところ、

「デザインが見にくいです」

さらにリクエストしてきたそうだ。エスカレートする要望に応え続けた先に、なにがあるのだろうか。

「答えられそうな表情をしていたら指名してあげて！」

保護者が教師に発信を増やすことを望むのは、わが子の学校での活動の様子を知りたい

からだろう。ここ一〇年くらいだろうか。保護者が連絡帳に、

「（わが子について）よい点があったら知らせてください」

という一文を末尾に付け加えてくるケースが見られるようになってきた。こうなると担任もスルーすることはできない。適当に見つくろって、連絡帳に書いて子どもに渡すことになる。わが子を褒めてもらった保護者は大よろこびといった構図だ。

あらためて述べるまでもないが、学校というのは集団生活の場である。子どもたち一人ひとりを平等に扱うというのも前提になっている。だが、そうした認識が希薄な保護者が以前にくらべると増えた印象だ。

子どものためというより、子どもを評価してもらうことで、自分がいい気持ちになりたいだけなのではなかろうか。

授業参観の前には、

「答えられそうな表情をしていたら指名してあげてください」

「子どもが活躍できそうな課題を出してください」

こんな要望が寄せられるが、応えられるはずがない。あげくの果てには、仕事を休めないので、別日に授業参観を移動してほしいという要望もある。

保護者との面談や家庭訪問も近年はむずかしくなってきている。学習面での課題や学校生活での問題点を指摘すると、雰囲気が悪くなるのだ。

「なかなか保護者の方に実態を認めてもらえなくて……。とにかく褒めるところから入らないと、気まずい雰囲気が充満してくるんです」

これは若手教師の言葉である。だから、懸命にいいところを探し、しばらく子どもを褒めたのち、ようやく一つか二つ、課題を保護者に伝えるというのが限界なのだ。

「俺たちは太鼓持ちじゃない！」

そう言いたいところだが、現実はきびしい。

「こんなことを言って、保護者の気分を害さないか……」

教師の多くが、まずはそこを気にするようになってしまっているからだ。

だから、ちょっとしたことを保護者に伝えるのにも、準備に膨大な時間がかかるようになっている。文書を出す場合なら、担任が骨子をつくり、その学年の担任みんなで内容を確認し、続いて児童指導担当や管理職がチェックする。何人もの目を通ったあと、ようやく保護者に通知が行くという仕組みだ。教師は保護者のご機嫌を損なわないように、日々多大なエネルギーを費やしている。

この状態が本当に子どもたちのためになるのか、よく考えてほしい。子どもたちのためにこそ、われわれ教師が本業に専念できる体制が必要なのだ。

「子どもの発表会を見にきて！」

発表会といっても、学校とは無縁の個人的な活動の発表会である。バレエの発表会、ピアノの発表会、演劇など、これまでいろいろな発表会に誘われた。おそらく、多くの教師が同じような経験をしているだろう。

私の場合は、誘われても基本的には行かないようにしている。特定の子どもの発表会に出かけるのであれば、クラス全員の発表会に顔を出すべきだと思うからである。職場の全員に調査したわけではないが、私が聞いた範囲では「誘われたら顔を出す」という教師が多いように感じる。

保護者がわれわれ教師を発表会に誘うのには、

「子どもが活躍する場なんだから、先生ももちろん見たいでしょう？」

という前提があるように感じられる。保護者から連絡帳で丁寧なお誘いをいただき、なおかつ子ども本人から手づくりの招待状をもらったりしたら断りにくいところだ。

もう一つわれわれ教師が誘われるのには、

「先生がくれば、子どももよろこぶから」

という理由も考えられるが、一度考えてみてほしい。その教師にも家庭があり、子どももいるかもしれないのだ。子どもたちは、週末に親と出かけるのを楽しみにしているかもしれない。妻や夫とは、前々からショッピングに出かける約束をしていたかもしれない。教師にとっても休日の時間は貴重なのだ。

好意的に考えれば、保護者も教師も、その子を大切に考えているという点では同じ立場なので、「ならば発表会にも是非おいでください」となるのかもしれない。ただ、ここでも意識の底にあるのは、

「先生なんだから、子どものために出向いてくるのは当然でしょう」

という感覚ではないだろうか。

こうした価値観は、昨日今日に生まれたものではなく、長い歴史のなかで培われてきたものだ。

昔から地元でお祭りがあれば教師が見回りをしていたし、夜の公園に子どもたちがたむろしていると地域の方から連絡があれば出かけていって注意した。昔から、われわれ教師は勤務時間外であろうがなかろうが、子ども絡みの「社会的な雑用」を請け負ってきた歴史があるのだ。

そんな背景があるからこそ、保護者は教師の休日がつぶれるのも気にせず、気軽に発表会に誘うのだろう。日本の社会全体で、ルールの範囲を超えた労働に対しては見直していこうとしているのに、教師だけは、

「子どものためなんだから、先生はまあ我慢してくださいよ」

となるのだろうか。

もちろん、保護者の側に悪気はないのは重々承知している。それでも、やりきれない思いは残るのである。

「嫌いなものを食べて吐かないか見ていて！」

連絡帳には、給食に関する要望も数多く書きこまれる。

「今日はお腹を壊しているので、牛乳を飲ませないでください」

「夏バテ気味なので、給食の量は少な目でお願いします」

この程度のことなら子ども本人が教師に言うべきだと思うものの、伝えられないよりは伝えてもらったほうがいい。食べるのを無理強いして、子どもの体調を悪化させることもあるからだ。とはいえ、

「嫌いなものを食べて吐かないか見ていてほしい」

という要望には困惑する。給食の時間、配膳がひととおりすんだあとも教師はずっと忙しい。給食をこぼす子も出る。

「先生、髪の毛が入っていた」（多くの場合は自分の髪の毛だ）

異物混入を訴えてくる子どもにも対応しなければならない。残りそうなら、食べられそ

うな子にお代わりを促すこともするし、立ち歩いて遊ぶ子は注意しなければならない。

小学校の教師にとって、給食の時間というのはじつは一日の勤務のなかでもっともせわしない時間帯なのだ。おかげで、われわれ教師は数分程度で給食を食べ終えられるように訓練されてしまっている。

その多忙な時間に、一人の子に目を向け続けるのは不可能である。その子が嫌いな食べ物を口に運ぶ瞬間を見届け、表情から大丈夫か読みとってほしいということなのだろうが、そんなことは不可能である。

万が一、子どもが気持ち悪くなって吐いたとしたら、その場で対応するしかない。苦手なものを食べている最中に、

「吐きそうだったら、止めていいよ」

なんて教師が声をかけたら、その勢いで吐いてしまうのではないだろうか。まわりの子たちも、食事中に「吐く」という言葉を耳にしたくないはずだ。

そもそも、それほど嫌いなら残せばいいではないかと思われるだろう。じつは、

「どうしてもピーマンが嫌いなので、残してもいいと本人に言ってください」

こんなことを書いた連絡帳が届くこともあるのだ。

「給食を残してまわりの子たちにズルいと思われたらかわいそうだから、先生のほうから助け舟を出してもらえたらと思って」

後日、面談で保護者に会ったときに聞いたら、そのような理由だった。とりあえず教師に責任をなすりつけておこうという態度である。

ちなみに、実際に給食の時間に子どもが吐いてしまうことはたまにある。

ある同僚の場合、その旨を保護者に伝えると、

「だから、注意してくれってお願いしてたじゃないですか」

と電話口で罵倒されたらしい。その子の吐瀉物《としゃぶつ》を片づけて、急いで連絡したら、こんな言葉が返ってくるのである。こんな状況が続くようでは教師のなり手はますます減る一方だろう。

「水筒を持ち帰るように呼びかけて！」

コロナの対応について手探りだったころ、学校では手洗い場が混むのはよくないという

ことで、一気に水筒持参の流れが広がっていった。今では学校に水筒を持ってくることは、日常的な光景になっている。

とはいえ子どもなので、持ってきた水筒を学校に置き忘れることもよくある。土日をはさんだ忘れ物になってしまった場合、週明け、開けた水筒からは異臭がしてくるかもしれない。だが、こうした経験を経て、

「次は忘れず、ちゃんと持って帰ろう」

子どもは学びを得ていくのである。たしかに、水筒を何日も教室に置きっぱなしにすれば、衛生的にも問題がある。それでも、ちゃんと消毒すれば病気になることはあるまい。むしろ、忘れものがなぜいけないかを知る機会となって、教育効果が得られると私は考えている。

保護者の声を受けて、担任が帰りに子どもたちに呼びかけるようになれば、「自分の持ちものを自分で管理する」という学びの機会を奪うことになってしまう。

水筒の持参を許可している学校は多いが、それを強制しているところはまずないだろう。水筒を持ってくるかどうかは、それぞれの家庭の判断となっているのだ。だから、水筒の取り扱いは、それぞれの子どもが自己責任でおこなって当然なのだ。

そうはいっても保護者としては不安なので、その管理責任の一端を教師にも負わせようということなのかもしれないが、それでは子どものためにならない。水筒に限らず、

「上履きを持ち帰るように言ってください」

「給食着をもう一か月も持って帰らないので、注意してください」

保護者からこんな依頼がくることもあるし、さらには、

「虫かごをずっと学校から持って帰っていないのです。今度のキャンプで使うので、今週中に持ち帰るように声をかけていただけませんか」

「スイミングスクール用のゴーグルを間違って持っていったみたいなので、今日中に持ち帰るように言ってください」

こんな依頼が寄せられたこともあった。学校となんら関係のないことまで、平気で教師に依頼するのである。

教師は便利な存在だという認識があるからこそ、あっけらかんと頼めるのだろう。

子どもたちに声をかけるのが嫌なのではない。ただ、

「子どもの学びのためには、本来そんなことを教師に頼むべきではないでしょう」

と釘を刺しておきたいのだ。

「旅行先からオンライン授業に参加させて！」

オンライン授業が始まったのは、あくまでもコロナによる休校等でやむをえず授業に参加できない子どもたちに対応するためである。地域や学校によって導入に差が出たのは、オンライン授業が必須となっていなかったためだ。

当初、オンライン授業は、教師や学校側の善意で始まったと私は考えている。一般的には、

「対面での授業もオンライン授業も同じようなものでしょう」

と思われるかもしれないが、やっている側からすると大違いだ。対面での授業の場合はグループ学習や実習等も簡単にできるが、オンラインではそうはいかない。そのために授業のプランをゼロから考え直す必要がある。

また、われわれ教師の側にはオンライン授業の経験が今までほとんどなく、リハーサルを重ねなければならない。実際にやってみると、話し方も対面での授業とは変化をつけな

ければならないということも知った。

最近はコロナによる休校はなくなり、通常の対面授業に戻っているが、オンライン授業のシステムを残している学校もある。子どもがコロナやインフルエンザにかかった場合には出席停止となるため、その子が授業を受けられる状態であれば学習機会を提供したいという気持ちからである。

また、不登校の子どもたちに対応するツールとしても活用している。オンラインで授業に参加してもらい、クラスの雰囲気を画面越しに伝えることで、次の段階（登校）につなげることをねらったものである。オンラインを活用したからといってすぐに効果が出ることはまれだが、それでも無駄なことをしているという感覚はない。

「けっこう大変だが、意味があるのであればやってみよう」

教師の多くはそんな気持ちだと思う。

とはいえ通常の対面授業をしながら、オンラインで授業に参加している子どもをそこに組みこむのは、至難の業である。

グループ活動をする場合は、その子が参加する方法を考慮しなければならない。パソコンを置く場所も意識するし、黒板が見える範囲にも気を配らなければならない。ときには画面越しに質問を投げかけて、一緒に授業に参加しているという実感が持てるようにする必要もある。

たった一人でもオンラインでの授業参加者がいると、教師はかなりの労力を費やすことになるのだ。それでも、保護者からの依頼があれば断らずにやってきたのは、教師としての矜持《きょうじ》というしかないと思う。

とはいえ、ときにその矜持が揺らぐようなこともある。家族旅行で学校を休んでいるのに、

「オンラインで授業に参加できませんか」

と言われたときには、正直愕然とした。そして、お断りすることにした。当然だ。憲法第二六条には「すべて国民は、法律の定めるところにより、その保護する子女に普通教育を受けさせる義務を負ふ」とあるが、この保護者はそれに違反しているわけだし、オンライン授業にともなう負担について、あまりに無自覚なのだ。

技術的には可能なはずだからとりあえず頼んでみよう、ということだったのかもしれないが、われわれ教師の善意を試すようなまねはしないでほしい。

「具合が悪いけど学校に行かせたので面倒を見て！」

体調が悪いのに登校してくる子どもがいると、場合によっては一時間の授業がまるまるつぶれることになる。特に、コロナが2類扱いのときは大変だった。

「先生、なにか体がだるいです……」

いそいで教室に置いてある体温計で熱を測ると、三八度を超えていた。いつから調子が悪かったのか聞いてみると、

「出かける前に測ったら三七度を超えてました」

とのこと。熱があるのに登校していたのだ。保健室に連絡すると、体育の授業でケガをして来室している子がいるので、別の部屋で待機させておいてほしいという答え。付き添える教師がいるはずもなく、担任の私が一緒にいるしかなかった。

やがて保健室から連絡が入り、子どもを預けると、今度は保護者に電話だ。一回でつながらず、何度もかけ続けて、あきらめて教室に戻ったところで折り返しの電話が入ってき

た。

「熱が三八度を超えていますが、家での体調はどうでしたか」

「出かけるときは、そんなに熱がなかったんですが……」

なかには体調が悪いのを承知で登校させるケースもあるのだ。両親ともに仕事があって、預ける場所がなかったのだろう。いつごろ迎えにこられるか聞いてみると、

「まだ、あと数時間はむずかしいです」

そうした答えが返ってきたこともある。いくら忙しくても、クラスメートに感染させるリスクをおかしてまで子どもを登校させるべきではない。また、教師が対応に追われることで授業が中断することにもなる。ようやく迎えにきた保護者は、

「本当にすみません」

恐縮した様子を見せるが、正直なんとも言えない気分になる。

「では、（学校以外に預ける場所がなかったのに）どうすればよかったんですか」

われわれが登校させたことを注意したら、そんな答えが返ってきそうだ。

「学校や先生にならば、少しくらい迷惑をかけてもいいのではないか」

そんな気持ちがあったとしたら改善してほしいものである。

一般の方はご存じないかもしれないが、教室で授業をしていても、内線で連絡が入ったり、他の教師が急用の報告にきたりして授業が中断することはたまにある。

「隣のクラスの子が急に教室を出ていってしまいました」

そういった子どもに関するアクシデントなら、やむをえないと思う。だが大人の配慮で授業の中断が避けられるのなら、その努力はすべきである。学校はみんなで勉強をするところで、その環境を尊重する姿勢を大切にしてほしいと思うのだ。

「つねに笑顔で授業をして！」

以前、教育心理学者の梶田叡一氏が講演でこんなことを言われていた。

「よく『目がキラキラした子にしたい』なんて話を聞きますが、それは目指すべきものではありません。結果として、そうなるという類のものです」

子どもから相談を受けたこともある。

「担任の先生に笑顔が大事ってよく言われるんですけど、私は笑顔をつくるのが苦手で。

しょっちゅう言われて、プレッシャーなんです」

子どもがどんな表情をするのかは、個人のパーソナリティに関わる部分だ。私は表情に関する指導をすることは、人権を損ねることになりかねないと思っている。

同僚はあるとき保護者にこんなことを言われたという。

「つねに笑顔で授業をしてください」

あまりに彼女が自分の表情を気にしているので、一度授業の様子を見にいったことがある。たしかに、あまり笑顔はなかったが、別に怖い顔で授業をしているわけでもない。あえて表現するなら、子どもたちに授業を理解させようという「真剣な表情」だろうか。私はある種の気高さすら感じたのだが、その子には、

「先生の顔が怖い」

ということになるらしい。

「笑顔が大事だって言われるから、無理して笑おうとするんですけど、そうすると授業に集中できなくなってしまって……」

授業に支障が出るようでは本末転倒である。彼女の場合は、しばらくして保護者からなにも言われなくなったらしい。おそらく、子どもが彼女の真剣な表情に慣れたのだろう。

それにしても、いい大人が同じ大人相手に表情がどうのこうのと要求するというのは、いったいどのような心理なのだろうか。

私は心理学の専門家ではないから、詳しいことはわからないが、相手を一人の人間として尊重していないのではないかと推察する。ふだん子どもたちと接しているわれわれ教師を、子どもと大人の中間の存在だとでも思っているのだろう。教師という仕事も、なめられたものである。

私は一度だけ長男の高校の懇談会に出かけたことがある。教師が高校生という大人に近い年齢の生徒たちとどのように接しているのか知りたかったからである。最後の質疑応答の場面で、一人の保護者が手を挙げた。

「うちの子は大きな声が苦手なんです。先生の声はちょっと大きいようなので、授業中はもう少しボリュームを下げるようにお願いできませんか」

担任教師は困ったような表情を浮かべながら、

「気をつけておきます」

短くそう言っていた。私が見るところ、その教師の長所はパワフルさであった。その後どうなったかは知らないが、彼の元気のよさが今でも健在なのを願うばかりだ。

「クラスごとに違いがないようにして！」

とある放課後のことだ。廊下を歩いていて、学年担任の教師がみんなで集まって真剣な表情で話し合っている場面に出くわした。なにごとなのかと聞いてみると、

「来週、保護者懇談会があるのよ。それでどんな掲示物にしようか話し合っているんだけど、クラスによっては揃えられないものがあって……」

読者の方は、そのなにが問題なのかと思われるかもしれないが、近年の学校ではこれがときとしてきわめてデリケートな問題になるのだ。

「どうして同じ義務教育なのに、クラスごとに掲示物に違いが出るんですか。これでは不平等です」

そんな、平等の意味をはき違えているとしか思えないクレームがくることがあるからだ。

私が担任する学年にも、これまでに何度か、指導方法の統一を求める要望が寄せられたことがある。

「クラスごとに授業のやり方が違うのはなぜですか。同じ方法でやっていただかなければ、子どもにとって不平等になります」

この多様化の時代に、なぜこんなことを言ってくるのかと思う。一人ひとりの教師に個性があり、クラスの実態にも違いがあるからこそ、授業のかたちにも変化が生じるのだ。それがダメだと言うのならば、人間が教える意味すらなくなるのではないだろうか。

とはいえ、保護者の詰問に追いつめられた同僚から、

「ある部分だけでも、授業のやり方を揃えませんか」

と提案されれば、無下に断ることもできない。どうにもしっくりこないという気持ちのまま、慣れない形式の授業に挑戦したこともある。

だが、教師の違和感は子どもにもすぐに伝わるようで、

「先生、今日の授業の感じ、いつもと違うんだけど……。いつもどおりのほうがわかりやすいし、楽しいなあ」

いきなり子どもから、そんな指摘を受けて驚いたものだ。

クラス間でのちょっとした違いも、今はSNSを通して筒抜けになる。一部の保護者は他のクラスの様子をじつによく知っている。正直、教師よりも詳しいのではないかと思う

こともあるほどだ。

とはいえ、それはあくまで表面的な知識であり、子どもたちの細かな事情やクラスが刻んできた歩みを理解しているわけではない。一方、教師はそうしたことを踏まえたうえで、それぞれプロフェッショナルとしての判断にもとづいて授業を展開し、子どもたちと対峙しているのである。だから、他のクラスのやり方を自分のクラスにそのまま持ちこむのは、現実的にむずかしい場合があるのだ。

さらに付け加えれば、われわれ教師は万能の存在ではない。一人の人間として、得意なこともあれば、苦手なこともある。だから授業のやり方にも違いが出るのである。

「それでも、それを乗り越えるのが先生じゃないですか」

一度だけ、そう言われたことがある。たしかに、そのとおりかもしれない。だがそうだとしたら、頼むから教師が授業に専念できる環境をつくってほしい。雑事に振りまわされ、ようやく授業の準備をしようと思ったらとっくに勤務時間を過ぎているのが教師の日常なのである。

今日も学校には、教師を悩ませるさまざまな依頼が保護者から届いていることだろう。保護者はわが子の状況にしか関心がないのかもしれないが、教師は数十人の子どもたちとその保護者を同時に相手にしているのだということを理解してほしい。

そして、そこからどんな事態が起こりうるのかを想像してみてほしい。その洞察は子育てにもプラスになるはずだし、結局は子どもたちのためにもなるのではないだろうか。

第2章 訴えたいのは教師のほうだ！

教師と保護者の関係が歪むとき

この章の最初に強調しておきたいのだが、保護者のなかには、われわれ教師の気持ちを上手く盛り上げてくれる方も多い。以前、子どもたちが文字どおりゼロからつくりあげるかたちの修学旅行を総合的な学習としておこなったときには、

「これだけの取り組みを学校内だけで終わらせるのはもったいないです。是非、マスコミに取り上げてもらって宣伝しましょう」

何人もの方が声をかけてくれた。間違ってそんなことになったら、授業の準備時間が削られてしまうので丁重にお断りしたが、悪い気はしなかった。

「その労力を子どもたちのために使おう」

そう心に誓ったものである。われわれ教師は単純なので、褒められるともっと頑張ろうと思うタイプが多いように思う。

その一方で、

「訴える！」

という言葉を使う保護者も増えている。自分の主張が通らなかったり、教師との話し合いで意に添わない結論になったりしたとき、状況を打開しようとして使ってくる。なかには、捨て台詞のように使っている保護者もいる。

訴訟ということになれば、教師と保護者という関係は、被告と原告という関係に変わる。そんなことになれば、間に入った子どもの立場はどうなるのだろう。保護者との意見の相違が実際に訴訟にまで発展するはずもなく、そこまで現実感をともなって考えたことはないのだが、簡単に人と人との関係を断ち切ろうとする姿勢には虚しさを感じることもある。すべてはわれわれ教師がなめられていることに起因するのだろうが、それにしても世知辛い世の中になったものだ。

これからの教育界を担っていく若手教師たちが心配だし、子どもたちの未来が不安でならない。子どもたちのなかには教職を志す者もいる。やがて、彼らがそんな洗礼を受けると思うと、どこかでこの状況を変えなければと思うが、現場の一教師にはそんな力はない。だからせめて、問題提起だけはしておきたいと思う。

「訴える！」と言われれば哀しいけど怯《ひる》むよ

私は児童指導専任教諭を担当していたので、学校中の児童指導に関する情報が集まった。もちろん、保護者対応に関する情報も入ってくる。出張に出かけると、他校の状況も耳にする。どこも同じような状況であり、同じような悩みを抱えていた。

近年、話題になったのが、

「訴えるという言葉がやけに気軽に使われていないか」

ということであった。

「保護者の一部は『訴える！』と言えば、こちらが怯むと思っています。だから、自分の主張を通す武器として、安易に使っているように見えます」

このように感じている教師は多いはずだ。

知り合いで弁護士をしている人間がいるので、実際に訴訟が成立するのか聞いてみたところ、

「学校が自分の意見を聞いてくれなかったからといって訴えが成立したら、社会は滅茶苦茶になってしまいます。簡単に訴訟を起こせると思っている人がいるようですが、そんなことはありません。弁護士事務所に出かけていっても、おそらく取り合ってくれるところはないでしょう」

とのことだった。言われてみれば当然の話だ。私は児童指導専任教諭として、保護者の「訴える！」という脅し文句には、まったく怯む必要がないことを周囲に伝えていた。

ただ、訴訟になる可能性がないことを頭ではわかっていても、恫喝じみたことを言われたとき、ついつい委縮してしまうのは、われわれ教師の職業病かもしれない。

保護者から「訴える！」という言葉を投げかけられると、
「こんな脅し文句が担任している一年間、ずっと続くのではないか」
「他の保護者にも声をかけて、大挙して学校に押し寄せるのではないか」
などと妄想を膨らませて考えてしまう。正直言って、「訴える！」と言われれば、われわれ教師は怯むのだ。

言われた当人だけではない。学校でおこなわれる会議でも、こうした事案が報告されるとみんなが怯んでしまう。実際に訴えに至らないことはわかっていながら、
「今度の説明で納得してもらえなかったら、どうしよう？」

疑心暗鬼が参加者全員に広がり、会議は堂々めぐり。打開策を求めて、莫大な時間を浪費することになるのだ。

一般の方からすると、ずいぶんと弱腰に見えるかもしれない。ただ、学校という組織は、苦情に対応する部署があるわけではなく、弁護士と個別に契約しているわけでもない。そして教師は「子どもにわかりやすく勉強を教えること」にプライオリティーを置いているタイプが多く、大人同士の揉めごとに関してはだいたい不得手なのである。

現在では自治体がスクールロイヤーと契約している場合があるが、「話せばわかる」と

いう関係性は保護者とはもう成り立たなくなるのだろうか。

クレームの行き着く先の多くが教育委員会

イチャモンにも似た保護者の申し出が行き着く先の多くは教育委員会だ。教育委員会は、どんな保護者の言い分にも耳を傾けるし、匿名でも対応してくれる。さらに言うと、学校より上の立場にある。学校を相手に憂さ晴らしをしたいと思っている保護者にとっては、恰好の機関である。

これは私が勤務していた学校だけの話なのかもしれないが、ここ最近はやけに簡単に教育委員会に保護者から直接話が行っている。なぜそれがわかるかというと、教育委員会から学校に連絡が入るからだ。

教育委員会も対応できないことにはできないと毅然と言ってはくれるようだが、少しでも訴えに分があるようだと学校に対応策を求めてくる。

「保護者からの電話の際の対応が悪かった」

そんな内容でも、学校は改善を求められる。

「市民からの訴えなので、無下にはできませんよ」

ということなのだ。こちらも心のなかで「教師も市民なのに……」とは思うものの、それを口に出すことはできない。

教育委員会からの連絡はまず校長に入る。校長から当該の教師に伝えられ、関係機関で会議を持つこともある。ときには校長が、

「本校として、指摘された部分は今後気をつけるようにしてください」

教職員全員を集めて話をするという対応をとることもある。どのように対応したのか、後日、教育委員会に連絡するのが一般的だ。

教育委員会にまた同じ保護者から電話が入ることも考えられるから、

「○○をおこなって、再発防止に努めています」

と言えるようにしておかなければならないのだ。

実際、教育委員会に訴えれば、学校に言っても通らなかった要望がかなえられる可能性が高まるのはたしかだ。教育の場であってはならないことだと思うが、いわゆる「ゴネ得」が可能になるのである。

被害妄想とナルシスト、二つのタイプのクレーマー

一般的に、クレーマーには二つのタイプがあるとされている。

一つ目は、シゾイド型クレーマーと呼ばれるものだ。彼らは、体験した出来事をつねに悪意あるものとしてとらえる傾向がある。学校に関してなら、わが子や自分自身が被害を受けていると思いこみ、執拗なクレームを入れるのだ。

「クラスの子みんなで、うちの子をいじめる相談をしているようです」

「先生は授業中、うちの子だけまったく指しません。完全に差別です」

実際にはそんなことはまったくないのに、そう思いこんでいる。つねにネガティブな思考に支配される特性を持つクレーマーである。

二つ目は、ナルシスティック型クレーマーと呼ばれるもの。彼らの真の目的は、他者を打ちのめすことで自分が他者よりも優れているのだと証明すること。クレームの正当性はどうでもいいのだ。

シゾイド型クレーマーのほうは遺伝的要因が強いとされていて、時代や社会を超えて一定数存在すると考えられているが、ナルシスティック型クレーマーのほうは社会状況によって左右されるとされている。そして残念ながら現在、このタイプが増え続けていると考えられている。

クレームの例としては、こういうものがある。

「担任の先生が新任だから、クラスがまとまらないんじゃないですか」

「リレーの審判もできないんですか。この前の運動会は完全なミスジャッジです」

基本的に尊大な態度を崩さず、教師に不快感や挫折感を味わわせることが得意だ。

私は気軽に「訴える！」という言葉を使う保護者の多くは、このナルシスティック型クレーマーなのではないかと考えている。伝家の宝刀を抜いて、われわれ教師が怯む様子を見て楽しんでいるのだろう。

だからこそ、教師が開き直って、

「どうぞ、ご自由に訴えてください」

と言うと戸惑うのだ。

定年退職を間近にひかえる自分にはそれが言えるが、若い教師ならそうはいかない。とりあえず謝っても、「誠意が足りない」となることもある。

そうした場合は校長の出番となる。

「うちの若い教員が大変に失礼なことを申し上げました」

深々と頭を下げて、やっとクレームは収束する。「校長が、こうやって自分にペコペコしている。まあ、この辺にしておいてやるか」と思うのだろう。

結局のところ、子どものことなどどうでもよくて、困惑し、怯む教師の姿を見て楽しんでいるのである。このタイプのクレーマーは減りそうにないから、これからも教師たちは苦しむことになるはずだ。

言った保護者は忘れても言われた教師は覚えている

教師の立場としてちょっと不思議なのが、「訴える！」と言って大騒ぎしたあとで保護者の側はバツが悪い思いをしたりはしないのだろうか、ということだ。

「本当に裁判になってもいいんですか」

「教育委員会に訴えて、断罪してもらいますよ！」

そこまで啖呵《たんか》を切ったのだから、次にわれわれと顔を合わせたときは、気まずかったりはしないのか。

ちなみに、われわれ教師の側はというと、正直その保護者のことが気になってしかたがなくなる。懇談会や授業参観で顔を合わせるたび、

「また、なにか言われるのではないか」

心底ヒヤヒヤする。耐えがたくなって、懇談会の前にトイレに駆けこんでいる同僚もいるくらいだ。なのに、当の保護者からあまりにあっけらかんと話しかけられて、

「あれっ？　この人じゃなかったかな……？」

頭が混乱することもあった。

「これはまた、新しい嵐の前触れではないか……」

そんなことを考えたこともある。以前、先輩教師に相談してみたところ、こんなふうに説明してくれた。

「相手のほうは、そこまで大変なことを言ってしまったという自覚がないんじゃないかな。こちらは夜も寝られないほど悩んでいるから、相手も同じ土俵にいると思いがちだけど、あっ

ちはガツンと言ってやったから、すっきりして終わりっていう感覚かもしれないね」

先輩教師は続けて、こんな例を出した。

「たとえば、小さな子がスーパーでなにか買ってほしいと騒いだら、親は注意するでしょう。ちょっと離れた場所に子どもを連れていって、あれこれ言って諭《さと》す場合もある。でもそのあと、そのときに一つひとつ子どもに注意した内容を覚えてる？」

「……」

「つまり、教師にむかって言った言葉の重みも、その程度なんだよ。なにか言ったことは覚えているだろうけど、中身まで覚えているとは限らない。言われた私たちは一言一句、忘れはしないけど、言った側は違う。だから、私たちが受けた印象とは、だいぶ違うんじゃないかな」

これがもし、事実の一端を示しているとしたら、われわれ教師の未来は明るいものとは言えない。クレームという行為が無限ループのように続くのではないか、という恐れを抱きながらの毎日になるからだ。

突然、保護者にビンタされた校長

かつて校長が保護者にビンタされるという事件があった。それを聞いたときは、わが耳を疑った。校長室で担任の教師と保護者、それに教頭と校長の四人で話し合いをしていたときのことだという。

保護者は担任の指導方針が気に入らなかったらしい。担任は、

「これからは、もう少し気をつけてやっていくつもりです」

この保護者の言い分に寄り添う姿勢を見せたようだが、

「とても信じられませんね」

この保護者は納得しなかった。なだめる担任と、いきり立つ保護者。このまま続けていても、話は平行線をたどるだけだと思ったのだろう。

「○○先生もこのように言っていますし、どうでしょう、ここは担任に任せてもらって、しばらく様子を見るというのでは？」

校長がそう言ったとき、

「そんなこと言ってるから、ダメなんでしょ」

そう言うなり、保護者がいきなり校長の左頬を平手打ちしたというのである。まさに電光石火の早業だったそうだ。驚く校長と、かたわらで口を開けたままの教頭。事態を飲みこめず、パニックになる担任教師。

「……本当に、これから学校としては、どうされるつもりなんですか」

この保護者は平然と話を続けたそうである。

明らかに一線を越えている。

「どうして、訴えなかったんですか」

後日、私が校長に質問すると、

「そんなに過激なことをしてもねえ……」

という返事だった。過激なのは、自分の意に添わないからといって暴力に訴えた相手のほうだろう。

私が思うに、相手が暴力を行使したのは、学校が決して自分を訴えないとわかっていたからだ。だからこそ、安心して校長にビンタできたのではないだろうか。実際に、学校が保護者を訴えるケースはまずない。いじけ根性とまでは言いたくないが、「こちらが我慢すればいいんだろう」

そんな自虐的な気分が学校にあふれているからだ。実際に訴訟をおこなう場合に発生する面倒な手続き、対外的な対応、他の保護者からの視線……、いろいろ考えていくと、気後れするのだ。そして、そこまで面倒な思いをするくらいなら、我慢しようということになる。

「これじゃ、なにをされても泣き寝入りになるんだろうね」

この事件のあと、同僚の教師は口々にそう言っていた。

病院中に響きわたった罵声

ある日の夕刻、病院にいる保護者から学校に電話がかかってきたことがあった。担任の教師はすでに退勤していて、その電話に対応したのは校長だった。とりあえず話を聞こうとすると、

「つべこべ言っていないで、今すぐ病院にこい！」

しかたなく、校長は単身、指定された大学病院に出かけていった。待合室では保護者が夫婦で待っており、横には子どもも座っていた。そこで校長は、病院中に響きわたるような大声で、子どもの父親に言われたという。

「おい、校長。うちの子になにかあったら、どう責任とるんだ？」

事情がわからず説明を求めると、再び父親の怒りが爆発した。

「なんだ、おまえ。学校のなかでこんなことがあっても、情報を共有していないのか」

そう言われても、あいかわらずなにがなんだかわからない。困惑している校長に、母親のほうが説明を始めた。

「先生ねえ、今日うちの子どもが休み時間に遊んでいて、頭を打ったんですよ。保健室に行って休んでいたら、養護の先生に大丈夫だからって言われたみたいで。そのまま帰ってきたんです。それが、夕方を過ぎたあたりに頭が痛いって言いだして……」

校長はそこではじめて状況を理解した。

「対応が行き届かなかったようで、申し訳ございません」

何度も謝罪の言葉を口にして、その間もさんざん父親に罵倒されて、ようやく解放されたようであった。

翌日、子どもに様子を聞くと、大事には至っていなかったということで一同ホッとしたものだが、学校として今回の対応に問題はなかったのか、関係職員を集めて確認することになった。

まずは、養護教諭の対応についてである。彼女によると、

「昨日の休み時間中に、校庭を走っていて転んだと言っていました。なにしろ頭なので慎重に対処しなければと思って、ひとまず休ませながら様子を見ることにしました。吐き気もなく、顔色も悪くなく、大丈夫そうには見えましたが、それでも一時間は安静にするように伝えたのです。でも、本人がじっと休んでいるのが嫌になったみたいで、『もう大丈夫だから』と言って、私が止めるのも聞かずに教室に戻っていったのです。ただ、やっぱり心配なので担任の先生にも事情を伝えて、御家庭に連絡してもらうように言いました」

ということだった。担任のほうも、たしかに家庭に連絡していた。

「ケガをした経緯を伝え、保健室で休んでいたことも伝えました。保護者は『なら、大丈夫でしょう』とおっしゃっていたのですが、それでも安静にしてもらうように付け加えておきました」

このような対応だったのに、なぜ校長は一方的に罵倒されなければならなかったのだろうか。大学病院の医師の診察でも、特に問題は見つからなかったのだ。

「なにかあったら、許さねえからな！」

と凄んできた父親からは当然、なんの謝罪もない。こちらとしては、

「（学校の対応には）問題などなにもなかったんだから、許さねえからな！」

そう言いたいところだ。ただ哀しいことに、こんな異常な出来事があっても、最近はさほど驚かなくなってしまっている。「まあ、たまにはあるよね」程度の感覚である。冷静に考えると、それこそが問題なのかもしれない。

「不登校は先生のせいです」

現在、不登校の児童の数がものすごく増えている。文部科学省が公表した「問題行動・不登校調査」によると、全国の小中学校で二〇二一年度に学校を三〇日以上欠席した不登校の児童生徒は二四万四九四〇人となり、過去最多を記録した。憂慮すべき事態だ。

不登校の要因としては、コロナ禍で通学の制限や学校行事の中止などを余儀なくされ、生活リズムが崩れて休むことへの抵抗感が薄れたことや、活動制限が続いて交友関係が築けないことで登校意欲が低下したことなどが挙げられている。

もちろん教師に責任がある不登校もあるだろう。われわれのちょっとした一言が子どもたちの心を傷つけることもあるから、教師は言動には十分に気をつけなければならない。

ただ、なかには明らかに理不尽な言い分もある。

「先生が宿題をたくさん出すので、学校に行きたがりません」

こんなことを言われた同僚は心底困っていた。特に多くの宿題を出していたわけではない。学年のなかである程度、足並みを揃え、内容についても教師間で確認済みの宿題なのだ。その子は他に行きたくない理由があって、それを宿題のせいにしているだけなのだろう。

「それほど宿題の量が多いとは思えないのですが」

やんわりと理解を求めても納得してもらえないばかりか、

「そちらの態度が改まらないのなら、出るところに出ますから」

逆ギレされたそうだ。出るところに出たいのは、むしろこちらのほうだ。

再び学校にくるようになった子どもに不登校の理由を聞いてみると、保護者の言い分とはまるで違っていた。

「塾が忙しすぎて、大変だったんだ。何回も親には言ったのに、そのうち慣れるからって言って……。学校の勉強まで嫌になってきちゃった」

だが、こうした話を保護者に伝えるのもまたむずかしい。下手したら、

「そうやって自分の責任をごまかすために、子どもを誘導尋問したんじゃないですか」

そんな反撃を受けることもある。最近の学校ではなにか問題があると複数の教師で対応するようになっているが、不登校だった子どもの話などは一対一の環境で聞かざるをえないことも多い。だから、誰もこちらの言い分を証明してくれない。

「本当は先生のせいなんじゃないですか」

と言われても否定する証拠はないのだ。

子どもになにかあると、一方的に教師の責任にされるこのご時世。こんなことが続いたら、学校は怖くてなにもできなくなる。

事故が心配だからといってマラソン大会や縄跳び大会は中止、少しでも体調が悪いと言ったら保健室に直行、遅刻や早退も事情があるのだから個人の自由……。日本の教育はどう

なってしまうのだろうか。

それでも教師が訴えない理由

教師といえども人間なので、自分の身は守りたいと思っている。他人から暴力をふるわれたり、執拗な罵倒を受けたりしたら、警察に連絡するのに躊躇する理由はない。

だが相手が子どもたちの保護者となると、つい二の足を踏んでしまう。訴えたあとのことを考えて躊躇するわけだが、われわれ教師がいちばん気になるのは、やはり子どものことだ。

「そんなことをしたら、当の子どもが困るだろうな」

子どもの心情や学校での立場をまずおもんぱかる。われわれは彼らの教師だから、当然だ。そして考えれば考えるほど、二の足を踏むことになってしまう。

たとえば、前述の校長がビンタされた直後、学校に警察を呼んだらどうなっただろうか。暴行や傷害、恐喝といった事例なら現行犯ということになるから、保護者が待機している校長室に警察官が入ってきて、事実確認がされよう。一度ならず聞き取りが待っているはずだ。

校長の仕事にも支障が生じるだろうし、事態は多くの子どもや保護者の知るところとなり、その子に対するまわりの目が変わっていくことも考えられる。

「それは、あまりにもかわいそうだ」

と教師は考えてしまうものなのだ。そんなわれわれの気持ちを、保護者はわかっているのだろうか。

裁判ということになれば、さらにきびしい状況が予想される。全国的に見れば、教師が保護者を訴えた裁判も散見される。当然、どこの誰が訴えられたのか、その地域に住む人間には明白だろう。

原告と被告——。私は保護者とそんな関係にはなりたくない。教育者である以上、

「なんとか話し合いで解決したい」

甘いと言われるだろうが、そう思うのだ。いつも子どもたちにそういう話をしている以上、教師も自分の言葉を行動で示していかなければならない。

アメリカをはじめとして、訴訟によって問題を解決するのが一般的な国もあるが、さい

わいなことに日本はそういう国ではない。これはカナダからきていたある外国人教師の話だが、子どもたちと一緒に給食を食べていた際、ある子がふざけて彼のおかずを食べてしまった。日本人の感覚であれば、

「おいおい、先生の大切なおかずだぞ！」

笑って注意して、それですむところだが、彼は激昂した。ふだんは温和な人間なのに、子どもの悪ふざけを人権侵害だと受けとったようなのだ。あとで話を聞いてみると、

「カナダなら、保護者が訴えられる事例です」

ということだった。海外と日本の事情の差を感じた瞬間であった。彼は重ねてこうも言っていた。

「日本の子どもは、悪いことをしても守られすぎなんです」

たしかに、そうなのかもしれない。

だが、私はこの日本のスタイルを大切にしたいと思っている。そのためには保護者の理解と協力が不可欠だ。なにかあれば「訴える！」という態度では、日本の良き慣習は廃《すた》れてしまう。

もちろん、「訴える！」といった言葉を使う保護者は少数派だ。だが、その少数派が多

くの優秀な教師を潰してしまいかねない。そして、その被害を受けるのは未来を担う子どもたちなのである。

第3章

親はきちんと躾をしてから入学させろ！

「誰、このおじさん？」

この章はとりわけ攻撃的な章タイトルになってしまったが、ご容赦いただきたい。

小学一年生の様子を見ると、基本的にはどの子も初々しい。われわれ教師に媚《こ》びる必要はまったくないが、両手を前に組んで、

「先生、よろしくお願いします」

入学式のあと、礼儀正しく挨拶してくる子を見ると、とても明るい気持ちになる。保護者のほうも同様の姿勢なので、

「ああ、このご両親にしてこの子なんだなあ」

子どもの未来に明るい光を見たような気がしてくる。

ただ、年々子どもたちの躾のレベルが落ちてきているように感じている教師は、私だけではない。

「挨拶しても返事が返ってこない比率が上がってきたように感じます」

と言っていたのは中堅教師。私も校内で新入生のために案内役をしていたとき、

「誰、このおじさん？」

そんな物言いをされたことがある。相手ははじめて学校に身を置く新一年生なので、そんなものではないかとお考えの読者もいるかもしれないが、以前はそんなことはなかった。明らかに、躾に課題がある家庭が増えているように感じられるのだ。

そもそも、躾の担い手は誰だろうか。保護者である。教育基本法第一〇条に、

「父母その他の保護者は、子の教育について第一義的責任を有するものであって、生活の

ために必要な習慣を身に付けさせるとともに、自立心を育成し、心身の調和のとれた発達を図るよう努めるものとする」

とあることからもわかるように、保護者がいちばんの責任者なのだ。じつは、この内容を法律化することには反対の声も多かった。「国家による家庭教育への介入」であるというのが主な理由である。

ただ、こういう条文が必要になった背景を考えてほしい。躾は家庭でしっかりとするべきだと国家が規定しなければならないほど、なおざりになっていたのだ。新入生の様子を見ていると、直近の家庭の「躾力」がどの程度なのかがわかる。

私が見るかぎり、これからさらに教育現場は躾レベルの低い子どもたちへの対応に苦労しそうである。

「うちはうちのやり方で躾をしていますから」

伝統的に日本では、「人さまに迷惑をかけないようにする」というのが美徳であり、躾においてもこの精神が根底にあった。つまり「それが人さまの迷惑にならないか」が躾の尺度だったので、家庭ごとに躾に対する価値観が大きく異なるということはなかった。

だが近年は状況が大きく変わってきた。

「うちはうちのやり方で躾をしていますから」

そう言う保護者が増えてきたのだ。なにが正しいかは他人が決めるのではなく、あくまでも自分たちの価値観で判断するということである。自立した考え方のようにも思えるが、この感覚が肥大していくと、それはもはや躾ではなくなる。それぞれの家庭が自分に都合のいいルールを持ちだせば、共同体に必要なモラルは失われることになる。

私が大きな違和感を覚えるのは、たとえば給食に関する保護者からの要望である。最近になって、子どもたちの「好き嫌い」がかつてなく増えてきたと感じる。連絡帳にもそれが遠慮なく書かれるようになった。アレルギーならしかたがないが、

「野菜が苦手なので、量は少な目でお願いします」

こんなお願いが普通に連絡帳に書いてあるのだ。あえて指摘するまでもないが、野菜嫌いに育てたのは、その保護者自身である。

「体調不良で、いつもより嫌いなものが食べにくいようです」

そんなことを連絡帳で教師に伝えてくるのはあまりに過保護だ。こんなことを学校が受け入れていたら、

「やる気が出ないので、勉強したくない」

やがて、そんな言い分まで認めざるをえなくなる。躾というのは一事が万事であり、食事という人間にとって不可欠の営為において安易に妥協すれば、生活全般も易きに流れてしまう。子どもは特にそうだ。

少し前まで、食事に関する要望を他人に伝えることは、マナーとしても望ましくないこととされていた。だが近年、そうした感覚は薄れつつある。本来、子どもの好き嫌いは家庭で解決すべき問題なのである。親が子どもの好き嫌いを容認するような態度を続けていったら、本当に自分の力ではなにもできない人間になってしまうのではないだろうか。

「注意しないで」子どもが立派に育つと思っているのか

子どもたちに、つねづね言ってきたことがある。

「上手くいっているときは、誰だって機嫌よくいられる。問題は、誰かにきびしく注意されたり、上手くいかなかったりしたときにどう対処するかだ。なぜそうした考え方が大切なのかというと、長い人生、上手くいかないことのほうが多いからなんだよ」

私が熱弁をふるうからなのかもしれないが、子どもたちは一様に納得したような表情を浮かべて聞いてくれる。

そもそも、一生涯、誰からも注意を受けずに生きていくことなどありえない。ちょっとした勘違いで問題が起こることもあるし、ミスをしたら注意を受けるのは当たり前だ。だが現在の学校においては、保護者が教師に「うちの子は、なるべく注意しないでほしい」と頼んでいる状況がある。こんな環境で育った子どもが社会に出るとどうなるのだろうか。

証券会社に勤めている友人が言うには、メールで退職の意思を伝えて、そのままいなくなる新人もいるらしい。なぜ直接、言わないのかというと、

「根掘り葉掘り聞かれるのがわずらわしいんだろう」

とのこと。連絡があるのはまだいいほうで、黙って会社にこなくなるケースも増えているという。

「大した注意をしたわけではないんだけどね……。お客さんにはきちんとアポをとってから訪問するようにとか、わからないことはその場で適当に答えるのではなく、『確認して、のちほど折り返しご連絡いたします』と言うように、というレベルのことを指導しただけ。でも、それが気に入らないって言うんだからな」

ただでさえ新人が少ない昨今。すっかり困り顔だった。

「ひどいのになると、仕事のしかたを教えているのにパワハラだって……。もう、ハラスメントという言葉の意味さえ知らないありさまだよ。いったい、学校でなにを教えているの？」

最後には、こっちにまで矛先を向けられる始末である。

今日日の学校において、頭ごなしの注意というのはたしかにトンと見なくなった。きつめに注意をして不登校につながるケースもあるし、そこまでいかずとも、

「先生が嫌なことを言った」

ということで、保護者から苦情の電話が入ることもしばしば。教師は自然とオブラートに包んだような言い方をするようになっている。

そういう環境で育った子どもたちが、社会に出たとたん上司や顧客からきびしく注意を

受けるという経験をするのだ。会社は若手に辞めてほしくないからそれなりに気を遣ってくれるとしても、顧客は容赦ない。きびしい言葉を向けられて、「じゃあ、もう辞めます」になることもあるらしい。

教師が保護者の「なるべく注意しないで」という要望に応じれば、その子が社会に出てから苦労することになる。それは子どもの未来をまったく見ていない、きわめて独善的な要望なのだ。

われわれ教師の本音を言わせてもらえば、こうなるだろう。

「先生に注意を受けたら、それは自分の将来のために言ってもらっているということくらい、学校に入る前に教えておいてくれ！」

家庭の理解なしに、子どものメンタルを強くすることなど不可能なのである。

せめて座って人の話を聞けるようにしてくれ

入学式の様子も、昔とはだいぶ変わってきた。昔はどの子も手を膝の上に置いて、子どもなりに行儀よくしようと努力していたものだ。もちろん、今でもきちんとした子どもたちは多い。だが、式中に平気で立ち歩いたり、ガタガタと椅子の音を立てたり、後ろを向いて友だちに話しかけたりする子どもも増えている。

「まわりの人に迷惑をかけないように！」

そんな基本的なルールすら、子どもに教えない家庭が以前より多いのだろう。

自由と放縦とを混同している家庭が、一部にあるように感じられる。きちんと座って話が聞けなくても、

「子どもに強制するのはよくない。それでは子どもがかわいそうだ」

と考えているようなのだ。だが本当にかわいそうなのは、落ち着いて座っていることもできないまま、放っておかれることである。

「話を聞きたいなら聞けばいいし、聞きたくなかったら聞かなくてもいい」

という姿勢では、集団生活が滅茶苦茶になってしまう。そんな子がクラスに何人もいたら、教室はいつも大騒ぎで、相手の話をきちんと聞く環境も生まれない。小学校で学級崩壊が起きる原因にもなる。

自由と放縦は決して混同してはならない。他人に迷惑をかけていい自由などない。頑張

らなくていい自由もない。保護者には、ここを理解していただきたい。

この前提が共有されていないと、われわれ教師は子どもを自分の席に座らせるところから教育をスタートしなければいけなくなる。そんなことをしていたら、本来の学習指導がなおざりになってしまうし、やがてクラス全体の学力低下を引き起こしてしまうだろう。

きちんと席に座れる、人が話をしているあいだは話さない、勝手に後ろを向かない、勝手に立ち歩かない、隣の子にちょっかいを出さない……といった基本的な躾は、小学校に上がる直前になって急に教えこもうとしてもむずかしい。小さなころから、やがて必要となる集団生活でのマナーを少しずつ理解させていくことが肝要だ。

自分から手を出しても「大目に見てほしい」

クラスメートに暴力をふるった自分の子どもを、こんなふうに弁護する保護者がいる。

「でも、うちの子にも悪気はなかったんです。ただ、ついカッとなってしまったみたいで……。子どもには、そうしたことってあるじゃないですか。今回は大目に見てもらえませんかね」

そんな言い分が相手の親に通るはずがない。

ここには二つの大きな問題がある。一つは、子どもが簡単に手を出してしまったことで、もう一つは、「子どもがやることだから、大目に見てほしい」と真剣に保護者が思っていることだ。

すぐに暴力的な言動に走る子どもの家庭では、そもそも暴力に訴えることがいかに愚かでやってはいけないことなのか、きちんと指導できていない。本来なら、小学校に入る前の段階で、もっとも基本的な価値観として刷りこまれていなければいけないのに、それがなされていないのだ。

だが、そうした保護者に限って、自分の子どもが手を出されると、

「相手の子は、どういう育ち方をしているんですか」

いきなり相手側の躾を問題にしてくる。自分の子が被害を受けなければいいという価値観が透けて見える。

もう一つ。

「子どもがやることだから……」

でわが子を免罪しようとする保護者も見られるが、これは親の姿勢として間違っている。年齢などの属性で自分の過ちが見逃される経験を積み重ねていけば、みずからの非を認められない人間になってしまう。子どもだから大目に見るのではなく、子どもだからこそ原則にのっとった処置をしていくことが大切なのである。

とはいえ、そうした基本的な躾をおこなう役割を、われわれ教師に任されるのは困る。躾には長い時間がかかるし、子どもとしては、学校に入ったとたんにそれまでずっと親から「大丈夫」と言われてきたことが、「それはダメ！」ということになったら困惑するだろう。だから、入学前にきちんとした躾をしておいてほしいのだ。

「泣けばなんとかなると思っていた」

暴力とまでいかなくても、子どもたちのあいだではいろいろなトラブルが起こる。たとえば、休み時間に使うボールの取り合いだ。解決策としてジャンケンをすることもあるが、負けたにもかかわらず、

「今のは後出しだったから、もう一回」

こんなことを言いだす子どもがいる。まわりの子たちが、

「全然後出しじゃなかったよ」

口々に言っても引き下がらず、教師に裁定を求めてくる。

誰に聞いても後出しではなかったのだから、再度のジャンケンはなし。こちらがそう言うと、いきなり泣きだすことがある。

私の印象では、やはりここ一〇年くらいでこういう子どもが増えてきたように感じる。泣けば自分の主張が通る（または免罪される）と思いこんでいるようで、ここぞとばかりに切り札のカードを切ってくるのだ。

教師に注意された際も、泣くことでその場を切り抜けようとする子どもがいる。ある子が授業で使う習字道具を持ってくるのを忘れたのに、黙っていたことがある。

「なぜ、きちんと言いにこないの？」

理由を尋ねると、いきなり泣きだした。

「泣いても解決しないだろう。理由を自分の言葉で話すようにしようよ」

私がそう言うと、驚いた顔を見せた。その表情からうかがえるのは、

「僕が泣いているというのに、なぜおかまいなしに聞いてくるんだ？」

泣くという切り札が通用しなかったことに対する驚きである。

こういう子どもが増えてしまった原因を考えていくと、われわれ教師の側にも問題があったことは認めざるをえない。子どもが泣くと、

「泣いているんだから、今回はここまでにしよう」

往々にして、子どもの涙を免罪符のように扱ってきたのはたしかなのだ。

だが、なぜそれで許してきたかというと、

「うちの子が泣いて謝っているというのに、みんなの前でさらし者にするんですか」

保護者からのクレームが頭に浮かんで、及び腰になってしまっていた部分があるからだ。

泣いてごまかすなんて子どもであっても卑怯なやり方だと、本当は保護者にもそう伝えるべきだったのだ。

さて、泣きの一手が通用しなかった子に（人間関係も深まってきた年度後半になって）、あのときどう感じたのか話を聞いてみると、こんな答えが返ってきた。

「それまでは泣けばなんとかなると思っていたのに、先生は泣いても関係なく聞いてくるから、本当にびっくりした」

「幼稚園のころくらいから、困ったことがあると泣いていたと思う」

「泣けばお母さんも言うことを聞いてくれた。お菓子やおもちゃを買ってくれないと、いつも泣いていたと思う」

予想どおりの回答とはいえ、貴重な意見である。家庭において、泣くことで自己の主張を通すことをずっと認めてしまっていたのだ。われわれ教師は、学校でその埋め合わせを余儀なくされているというわけだ。

「もし大人になって困ったとき、泣いてごまかしたらどうなると思う？」

「まわりにバカにされる」

「今、泣いてごまかすことを止めなかったら、いつ止められる？」

「今までも無理だったから。このままでは直らないと思う」

「じゃあ、〇〇君の未来のために、今すぐ止めるようにしよう」

こんな会話をかわして、彼には納得してもらったように思う。

だが、こうしたことは本当なら家庭においてなされるべき躾だと思う。そのほうが間違いなく、子どもたちのためにもなるはずなのだ。

哀しき挨拶運動

どの学校に赴任しても、子どもたちの挨拶が話題になる。

「この学校の子たちは本当に挨拶がいいので、うれしい気持ちになりました」

転任してきた同僚が、着任式でそんな台詞を口にするのもよく耳にする。挨拶というのは、子どもたちを評価するバロメーターとしてわかりやすい面があるのかもしれない。同時に、よく話題になるということは、多くの学校で挨拶ができない子どもが多くいるという証拠ともいえる。

「最近、挨拶があまりできていないようです」

会議でそんな話題が出れば、翌日からすべての担任が意識して挨拶に取り組んでいく。

「年度が変わった四月。クラスの仲間が変わると、挨拶ができなくなってくるようです。もう一度、仲間同士の関係づくりから始めましょう」

年度当初は、繰り返しこんな呼びかけを耳にしてきた。

さて、この状況については、二つのことを考えてみる必要があると思う。一つは、学校で挨拶の取り組みをすること自体の是非だ。そしてもう一つは、どうすれば言われなくても子どもたちが挨拶できるようになるのか、ということである。

まず、一つ目。昨今の学校では子どもたちが挨拶する状況をつくろうとして、あらゆる手段をとっている。一般的におこなわれるのは、児童会や生徒会による挨拶運動だ。朝、委員会の子たちが校門に立ち、登校してきた仲間に挨拶をする。仲間もそれにつられて挨拶を返すという図式だ。

校門にはときに担当教師も立ち、

「みんな、いい挨拶だね。その調子、その調子！」

子どもたちの背中を押していく。職員会議でも、

「挨拶運動の効果が出ています」

前向きな声が聞かれるのだが、挨拶運動の期間が終わると、

「また挨拶しなくなってきているように感じます」

もとの状態に戻っていくのが現状だ。

そしてまた、年度が変わりクラス替えがされても、挨拶運動の効果はリセットされる。

少し環境が変わっただけでできなくなるのだから、もともと定着してなどいないということだ。私は学校が挨拶運動に取り組んでも、結局は上手くいかないのではないかと考えている。

そして、二つ目。どうすれば挨拶ができるようになるのかについてであるが、私の印象では、できる子どもははじめから問題なく挨拶できているように感じられる。逆になかなか挨拶ができない子どもの場合は、全員がそうだとは断定できないが、いくら挨拶運動をやってみてもなかなか本人に定着しないようだ。

私の経験からすると、そういう子どもには躾として毎日のように言っていく必要があると思う。もちろん「挨拶しよう」と言うだけではなく、なぜ挨拶が必要なのか、挨拶することで自分の人生にどんなメリットがあるのか、といったことも伝えていくことが求められる。

そもそも挨拶は自然な習慣として身についているべきものだ。長い人生においてずっと必要な習慣なのだから、なるべく早くから身につけておくにこしたことはない。そのためには、学校に入る前に家庭でしっかりと教えておく必要があると思うのだ。

だから、学校が思い出したように挨拶運動を展開するのは労力のわりに成果が少ないと私は考えている。やはり、各家庭に委ねるしか方法はないのだ。学校がやるべきことと、家庭がやるべきこと（教育的分業）をしっかり分けて考えてみる必要があるのではないだろうか。

写真を撮りまくる保護者、ガムを噛む保護者

入学式というのは、その名が示すとおり「式」である。つまり、一定の作法をともなう行事ということだ。入学式とは、子どもたちが学校に入学したことを祝う式典なのである。だから、新入生には理解がむずかしくても学校長やＰＴＡ会長などによる話があり、上級生による校歌の披露や国歌斉唱までプログラムに組みこまれている。

あえて述べるまでもないが、入学式で祝ってもらうのは新入生であり、保護者は子どもたちの初々しい姿を見るために特別に参列しているに過ぎない。なのにこのところ例年のように、入学式を子どもの撮影会と混同しているような保護者があらわれて教員の悩みの種になっている。

式中にもかかわらず席を立ち、スマホ片手にわが子の姿を撮影しつづけているのだ。他の保護者の迷惑などおかまいなし。わが子のベストショットを撮れれば、まわりからどう思われても関係ないと思っているようである。

「ああ、今年もか……」

教員としては、なんとも言えない気持ちになるが、それだけで終わらない場合もある。ときには保護者席の区画を越えて、新入生たちが座っている席に肉薄する保護者がいるのだ。一人の保護者がそれをやると、

「えっ？　あそこまで入っていってもいいんだ」

つられて、何人もの保護者が新入生の席近くに集まってくる場合がある。

「すみません。式中なので、席へお戻りください」

やむなく司会が注意すると、不承不承といった感じで自分の席に戻っていく。

せっかくの晴れ舞台なのだからという気持ちはわかるが、子どもたちに与える影響も少しは考えてほしい。席を離れて自分を撮影している親の姿は、子どもの目にどう映るのだろうか。

ルールを無視して自分本位な行動をとっている親を見て恥じてくれるのであればよいが、

「私のためならなんでもしてくれるんだ」

そんなふうに考える可能性だってあるだろう。

集団生活とは、つまりは自分の意のままにならない環境に身を置くことである。その入り口の行事で、親自身が自分勝手な姿をさらしているのだ。もはや一部の親にも躾が必要だと言いたくなるような状態である。

驚くべきことに、入学式の最中にガムを噛んでいる保護者もいた。写真を撮るために離席する保護者とは違って、「俺のほうは誰にも迷惑をかけてないよ」ということなのだろうか。

ただ、私には大きな疑問がある。一つは、なぜ式中にわざわざガムを噛む必要があるのだろうかという点。そしてもう一つは、ガムを噛むことは本当に他人の迷惑にならないのかという点である。

まず、入学式でガムを噛む合理的理由はない。大谷翔平を目当てにメジャーリーグの試合を見る機会が増えたが、メジャーではじつに多くの選手が試合中にガムを噛んでいる。ただ、これはガムを噛むことでセロトニンが分泌され、平常心でプレーできるというメリットがあるからだ。保護者が入学式でセロトニンを分泌させる必要などない。

「まあ暇なので、ちょっとくらいはいいかなと思って……」

どうせ、その程度の理由だろう。

二つ目に、ガムを噛むだけでも、他人に迷惑をかけてしまうことはある。当人は気づいていなくても、ガムの匂いや噛む音が気になる人はいる。静かな式典中ともなれば、なおさらである。また、わが国のマナーとして、公の儀式にガムを噛みながら出席するのは失礼だというのが一般的な感覚であろう。

ちなみに、私はガムを噛みながら面談にやってきた保護者を一人だけ経験している。本当に嫌な気持ちだった。

「教師をバカにしているのか」

心底そう思った。その保護者は面談の最後までガムを噛み続けたままであった。相手の口もとにばかり意識が行ったことを覚えている

保護者も時間どおりに行動してください!

入学式の日に神経をとがらせるのが、参加予定者の全員がちゃんと登校しているかどうかということだ。学校にやってきた一年生を名簿で確認する作業をしていくと、何名もきていないことがある。式を時間どおりに始めるか、少しだけ待つかの判断は学校によって異なるが、学校としてはじつに困った状況だ。

学校で保護者と面談をする際も、遅れてきたり連絡もなくこなかったりするケースが増えてきている。あとで確認してみると、

「忘れてました」

「他の日だと思ってました」

入学式にしろ、面談にしろ、結局はわれわれ教師が軽く見られているのだ。さらにひどい保護者になると、

「そもそも入学式のプログラムに問題があります」

「面談と言ったって、どうせ大した話はないと思ったので……」

こちらの責任のような言われ方をすることもある。われわれ教師の伝え方にも問題があったのかもしれないが、時間を守ることは人としての常識である。それができていないのに、

「遅刻せずに学校に行くように！」

と子どもにいくら言っても、説得力はないだろう。近年、遅刻や欠席に無頓着な家庭が増えているようにも感じる。約束の時間に遅れても、なんの連絡もない保護者がいる。

「時間どおりに行動してください」

子どもに対してではなく、保護者に対してメッセージを出さなければならない時代が到来しているのかもしれない。

ちなみに入学式の当日は、初対面の保護者から話しかけられる機会も多い。

「体育館の場所はどこですか」

「保護者は子どもと一緒に入場するんですか」

だいたいこの手の質問が中心だが、なかには首をかしげたくなるような頼まれごとをすることもある。

「室内履きを忘れたので、スリッパを貸してもらえませんか」

この程度まではギリギリよしとすべきなのだろうか。だが、

「靴を入れる袋をくれませんか」

ここまでくるとアウトではないか。

「すみません。親子で写真を撮りたいので、このスマホで撮ってもらえますか」

同僚はこんなことを頼まれたそうだ。ニコニコとしていて、まるで旅行仲間に記念撮影を頼むかのような口調だったという。

保護者が教師に雑用を頼むことは、もはや特別なことではないのであろう。

「先生、すみませんね！」

お詫びの一言を冠につければ、問題はないとでも思っているのだろう。決して頼みごとを断れない立場の人間にあれこれ要求するような態度は、子どもに悪影響を及ぼすのではないだろうか。

ここで紹介したのはあくまで一部の保護者の話ではあるが、子どもを躾ける前に、保護者が躾とはなにかを学ぶことが不可欠だと感じる。

親は子どもに「本当の楽しさ」を教える必要があるのだ

多くの小学生が学校から帰ってきて親に最初に聞かれるのは、

「今日、学校楽しかった？」

ということらしい。玄関で靴を脱いでいる最中に聞いてくる親もいるという。子どもが、
「楽しかった！」
と答えてくれれば、親としては安心だ。たしかに、「楽しい」と感じることは安定した学校生活を送るために大切な要素とはいえる。

ただ、人間が成長していくためには目先の楽しさを越えて努力することも必要だ。私は子どもたちに、あえてこういう話をしている。

「一つは、愉快だけどなにも力がつかない学校生活。もう一つは、そこまで愉快ではないけど、とても力がつく学校生活。この二つのうちどちらが大切なのかというと、力がつくほうだと思う。それに本当の楽しさというのは、愉快の先にあるのではなくて、頑張った先にあるんだよ」

子どもたちは、はじめは私がなにを言いたいのか理解できないようだが、言い方を変えながら何度も説明していくと、
「頑張ったほうが、うれしいんだ」

体験を重ねることで、徐々に私が言いたかったことを理解してくれる。

最初にこうした「本当の楽しさ」を子どもに教えるのは、本来は親のつとめである。お

笑いのような目先の面白さから得られる「楽しい」と、物事を探究していく過程で得られる「楽しい」、この二つはまるで違うのだということを、親は子どもにしっかりと伝えてほしい。子どもがそれをきちんと理解できたら（その感覚が小学校に上がるまでに子どもに備わっていたら）、その子の未来はバラ色だろう。

クラスの全員と気が合うはずはないだろう

学校では定期的に席替えをおこなう。学ぶ環境に変化を持たせて、子どもたちのコミュニケーション能力を育むことがねらいだ。その席替えについても、保護者から要望が寄せられることがよくある。

「○○君とは離れた席にしてください」

理由は、○○君とは気が合わないからだという。

誰かと気が合わないというのは、決して特別なことではない。何十人もクラスにいれば、当然ながら気が合わないクラスメートもいるだろう。そんな要望に応じるのは、子どものためにならない。子どもは「気が合わない人とは、どんなことであっても一緒にやる必要はない」と認識するようになってしまうからだ。

ちなみに、私は毎週席替えを実施していた。仲がいい子が隣の席にいれば楽しいだろうし、仮に気が合わない子がいてもたったの一週間である。たまに実施される席替えは子どもにとって一大イベントだろうが、それが毎週となればどうでもよくなる。ときに、気の合わない子どもが隣にきても、

「まあ、いいか……」

やがて誰が隣の席になっても気にならないようになるのだ。成長途中の子どもたちの順応性は大人の比ではない。

遠足や修学旅行のグループ決めでも、同様の要求は増えているように感じる。言われたとおりに対応しないと、

「うちの子が遠足に行けなくなってもいいんですか」

子どもをネタに脅してくる保護者もいるので、最終的には要求を受け入れることが多い。

おそらく保護者からのこうした要求は、幼稚園のころから始まっているのだろう。ただ、集団の規模が大きくなる小学校では対応にも限界がある。中学、高校になると不可能なは

ずだ。

「まあ、気が合わない人がいても別にいいんじゃない」

早い段階でそうした感覚を身につけさせておかないと、ゆくゆくは子どもが苦労することになるはずだ。

チャイムが鳴ったら教室に戻るぞ！

スーパーマーケットの食料品売り場で、お菓子を買ってもらおうと駄々をこねている子どもを見かける。

「もう、……しかたないわね」

親が粘り勝ちの経験をさせるから、子どものほうは何度でも駄々をこね続ければ自分の欲求が満たされると思うわけだ。本当は幼い子どもだからこそ、ゴネ得を許してはいけない。子どものすることだからとワガママにさせていたら、大人になってもその延長線上でしか生きられなくなってしまう。

学校でも似たような状況が発生することがある。休み時間の終わりを告げるチャイムが鳴っても教室に戻らない子がいると、教師は当然声をかける。

「もうブランコは終わりにしよう。チャイムが鳴ったから」

ハッとした表情を見せ、急いで教室に戻る子どももいるが、

「ねえ、もう少しやってから……」

一回で言うことを聞かない子もいるし、何回も注意されて、ようやく教室に戻る子もいる。スーパーマーケットの駄々っ子と同様で、こうした子どもたちの行動に深い意味はない。ただ、遊びたいから遊んでいるだけなのだ。ただ、それでも許してもらえるから、自分の欲求にしたがって行動しているにすぎないのだ。

基本的な躾がなされないまま小学校に入ってきた子どもは往々にしてこうなってしまう。その尻ぬぐいをすることになるのが、われわれ教師だ。

授業時間になっても教室にいない子どもがいれば、探しにいかなければならない。遊んでいて遅れたとなれば、授業中でも注意しなければならない。そうしないと、遊んだ者勝ちになってしまう。だが、しっかり指導すればするほど本来の授業時間は失われていく。そんな悪循環が学校では起こっているのである。

最後にもう一度書くが、われわれ教師は「子どもの躾係」ではない。学校はなんでもやってくれると思うのは考え違いである。

躾をするのは家庭の役割だ。学校では授業時間も決まっていれば、授業を受ける場所も決まっている。もちろん、授業の内容も自由にはならない。それが学校という場所なのだ。そうした現実を理解し、受け入れていただかないと、楽しいはずの学校が苦行の場となってしまう。なんでも願いがかなうワンダーランドなど、この世には存在しないのである。

第4章

文部科学省も教育委員会も教師の味方じゃない！

教師という仕事はなぜ魅力を失ってしまったのか

この章では文部科学省（文科省）についてきびしいことを書かざるをえないのだが、実際に勤務しているのは真面目な方たちばかりだと私は考えている。そのことは、最初にお断わりしておきたい。文科省職員だって、それぞれ担当を割り振られ、日々待ったなしの業務に追いたてられているはずだ。

ただ教員の志望者が激減しているのは、やはり文科省の方針に問題があるからでもある。魅力ある職場環境づくりに失敗している原因の一端は、教育界の総本山である文科省にあると考えざるをえないのだ。

そもそも、教育現場での経験がまるでない職員で構成された文科省に、学校の空気感などわかろうはずがない。現場研修ということで、小学校に文科省職員がきていたことがあるが、ほんの数週間の滞在である。授業を担当するわけでもなく、子どもと直接関わることもない。もちろん、保護者からの理不尽なクレームと対峙することもない。当人も、

「これでは現場に迷惑をかけるだけのお客さんですよね」

そんな言葉まで口にされていて、心から同情したものだ。

そんな文科省と違って、教育委員会の職員の多くは実際に学校の現場を経験している人間である。ただ、個人の裁量でなにかが変えられるはずもなく、ひたすら文科省からの通達にもとづいて動いていく。

一人ひとりはなんとかしようと思っているのに、日本人は集団となったとたんに四角四

面な組織をつくってしまう傾向があると私は考えている。特に教育界において、その傾向は顕著だと思う。学校現場の現実とあまりにも乖離した政策なのに、

「まあ、やってみましょう」

となってしまうのだ。それが積もり積もって教育現場を圧迫することとなっている。誰が張本人なのか、犯人捜しをしても意味がない。特定の誰かが悪いということではないのだ。

最低賃金を下回る教師の「残業代」

教師の「残業代」（教職調整額）を現行の給与月額の四パーセントから一〇パーセント以上に増額するという案が検討されているという報道が出た。

仮に月給が三〇万円の教師なら残業代が一万二千円から三万円に増額となる計算だ。

「もう少しお金をあげるから、これで我慢するように！」

そう言われているようで、じつに腹立たしい。残業時間を上限目安の四五時間として計

算すると、残業時間の「時給」が二七〇円弱から六七〇円弱に上がるだけである。全国の最低賃金の加重平均が一〇〇四円となり、はじめて一〇〇〇円を超えたというのに、教師の仕事をなんだと思っているのか。

とはいえ、われわれ教師は金欲しさに仕事をしているわけではない。青臭い台詞に聞こえるかもしれないが、

「子どもたちのよろこぶ顔を見たい」

この一心である。待遇をほんの少し上乗せしたからといって、人材が集まるはずがない。

「今こそ国家の危機です。是非、われこそはと思う学生は教育界にやってきてほしい」

正直にそれくらいの覚悟を示したほうが、まだ期待が持てるというものだ。

たとえば一九八三年にアメリカのレーガン大統領は「危機に立つ国家」という報告書をもとにした演説をおこなって、教育の衰退によってアメリカが危機に瀕していると国民に訴えている。

ひるがえって日本の教育はというと、過去最大の一一四兆円の予算が組まれていた二〇二三年度予算案において、文科省の予算案は前年度比でわずか〇・二パーセント増である。予算は立法府が決めることなので、文科省を批判してもしかたがないのだが、われわれ

教師の大元締めであるのだから、

「微々たるお金で教師の歓心を買おうとするな！」

くらいのことは言ってほしい。大切なのはお金ではなく、そこで頑張りたいと思えるマインドなのである。

現場を知らない役人による意思決定の弊害

特定の文科大臣や文科省の職員を批判したいわけではないが、教育界のトップに立つ人間が一度も教壇に立ったことがないというのは、その段階で話にならないように思う。教育の現場は生身の人間同士、直に触れ合うことで成り立っていて、その場にいるからこそわかることが多いからだ。

文科省の職員の方の、キャリア官僚としての苦労はわれわれ教師以上かもしれない。ただ、教師としてのよろこびを知り、苦悩やジレンマに直面しながらそれでも前を向く――そんな現実と向き合ったことがないから、机上の空論に過ぎないプランでも、と思ってしまうのではないかと憂慮するのだ。

「これでいける！」

私は小学校に外国語教育を導入することになった際、現場の大混乱を体験した教師の一人である。今では専科教員が教えている学校が増えているようだが、暫定的にクラスの担任が英語を教えている学校はいまだに多い。

いったん決まってしまうと、無理を承知でやらなければならないと思うのが日本人である。当初の混乱の時期は過ぎたように見えるが、

「次年度の専科教員を誰にしようか……」

「専科教員を確保できなかったら、どの担任に引き受けてもらうか……」

小学校の校長は毎年のように頭を抱えている。

「齋藤先生、どうですか」

英語ができない私にも、打診があったほどだ。もし私が引き受けていたら、外国人指導助手とのコミュニケーションもおぼつかないまま、子どもたちに英語を教えることになっていた。文科省も研修をはじめとする支援プログラムをいろいろと考えてはいたが、

「最終的には、学校でなんとかしてくれるでしょう」

そんな一方的な期待とともに、この制度をスタートさせたように見える。

もし文科省に教育現場の経験がある職員が一定数いたら、こんな無謀なプランが導入されることはなかっただろう。

現在の学校では、伝統と新しい潮流とが混じり合っている。登校指導や下校指導、学校全体の掲示物の作成や花壇の手入れなど、義務ではなくても教師が自発的に取り組んでいる仕事も多い。そこに、新時代に合わせた教育内容が次から次へと追加される。マンパワーが圧倒的に足りないまま、なんとかやりくりしているのだ。

現場を知らない人間による意思決定が続けば、さらに心を病む教師が増加し、教員不足を加速させていくことだろう。

教師不足の根本原因から目をそらす文科省

なにしろ、学校では教師の数が足りていない。私が勤務してきた学校でも、近年は、

「希望した人数がこないんですよね」

校長が頭を抱えている様子をしばしば目にした。教育委員会にせっついてはいるようだが、事情はどこも同じで、順番待ちということになる。

「齋藤先生、お知り合いで当校にこられそうな方、どこかにいませんかね」

校長に頼まれて、すでに退職しているかつての同僚に当たっても、

「今さらねえ……」

かつての職場は魅力的に映っていないようである。

文科省も学校現場の人員不足をなんとかしようと、新人教師の確保、現職教師の保持、両面での取り組みをしている。

新人教師の確保策としては、採用時期の早期化や社会人経験者の採用、それに教師という仕事の魅力を向上させるための施策も打ち出している。

また採用時期についても就職活動の早期化にあわせ、従来より一か月程度早い六月に採用試験をおこなう方針を出している。驚くべきことに、東京都や石川県、北九州市などは大学三年次から試験を受けられるようにして、受験機会を増やす予定だともいう。

決定したのは自治体だが、文科省が異を唱えていないところを見ると是認しているのだろう。ただこれは大局的に見れば、新人教師の確保ではなく奪い合いである。日本全国と

いう視野で見た場合、なんの解決策にもなっていない。

社会人に対しては、大学の教職課程で学んでいなくても「特別免許状」というかたちで教壇に立つ資格を与える制度ができた。教員免許状を持たない社会人に、彼らが社会経験で得た知識や体験を子どもたちに教えることを期待したものだ。もはや、教員免許の価値にもこだわらない、なんでもありの施策である。

また、教師という職の魅力向上として私がすぐに思い浮かぶのが、「#教師のバトン」プロジェクトである。このプロジェクトについては後述するが、ネガティブな書きこみに対して、当時の文科大臣が、「学校の先生なのだから、もう少し品のいい書き方をしてほしい」という発言をして話題になった。

現職教師の離職を防ぐための施策としては、いわゆる働き方改革に加え、学校ＤＸ化による業務の軽減や管理職のリーダーシップ育成などがある。はっきり言って、どれもパッとしない。

同僚から聞こえてくる声は、

「働き方改革っていっても、なにか変わったかな……」

「デジタル技術を活用するといっても限界があるしね」

「そもそも、管理職に向いていない人が管理職になって、向いている人がならない環境なんだから、スタート地点から違うのよね」

というものだ。

学校の実態に即した改革をしていくためには、プランを作成する側が現場がどうなっているのかを知悉《ちしつ》している必要がある。現場の苦悩を理解していれば、「どうして、教師が足りなくなるのか」、その答えはおのずと見えてくるだろう。

「空いた時間を見つけて授業をやっている」という感覚

そもそもの問題は、われわれ教師に勤務時間内では絶対に終わらない仕事量が割り振られていることである。

「いや、効率的にこなせばなんとかなるはずです」

偉い人の声が聞こえてきそうだが、実際に勤務時間内にすべてできている教師はいない。現場では長らく、長時間労働が常態化しているのだ。

じつは昔から教師の過重労働は問題になっていた。ただ、昔は保護者も寛容だったので、心を病む教師は少なかった。それが近年、保護者も子どもも様変わりしてきた。そこに新しい負担がどんどん加わっていった。前述の小学校での外国語の教科化の他に、道徳の教科化、プログラミング学習の導入、ＧＩＧＡスクール構想など、新たな業務がどんどんと増え続けているのだ。

仕事の効率化のためにも、

「カリキュラム・マネジメントを進め、各学校が教育課程（カリキュラム）の編成、実施、評価、改善を計画的かつ組織的に進め、教育の質を高めよう」

ということになっているが、担当の職員が配置されるわけでもない。

また、教科ではないが、たとえば「総合的な学習の時間」について指導要領解説を読むと、

「年間の職員研修計画の中に、総合的な学習の時間のための校内研修を確実に位置付け実施することが極めて重要になる」

などと書かれている。加えて、外部の人材との適切な打ち合わせも必要だと書かれている。そしてじつは、各教科についても会議や研修の必要性が指摘されているのだ。真面目

にこの指導要領にしたがっていたら、教師は寝る時間もなくなるだろう。

こんな表現をしたら問題かもしれないが、現在でも、

「空いた時間を見つけて授業をやっている」

そんな感覚を持つことすらあるのだ。授業に専念したくても、教師はときに事務職員であり、またあるときには作業員でもあるというように、まさになんでも屋のような役割を負わされている。それが教員という仕事の魅力を奪ってしまっているのに、文科省はその流れをさらに加速させているのだ。

「#教師のバトン」プロジェクトの欺瞞

「#教師のバトン」プロジェクトは、

「教職を目指す学生や社会人の方に、現職の教師が前向きに取り組んでいる姿を知ってもらうことが重要」

ということで、文科省が始めた企画である。プロジェクトの立案者が期待した前向きな

内容の投稿もあるにはあったが、それよりもきびしい労働実態に関する投稿が圧倒的に多く、炎上騒ぎになってしまった。

なにがいけなかったのだろうか。私は、そもそも教師になりたい若者が減ってしまったのは「教師の労働環境」が原因なのに、文科省がそれを棚に上げて解決策として「やりがい」を持ちだしてきたことで、現役教師たちの怒りが爆発したのだと考えている。

早い話、論点がずれているのだ。われわれ教師の仕事の実態を包み隠さず紹介するとしたら、

・子どもが言うことを聞かなければ、すべて担任の責任です。
・保護者がクレームで学校を訪れても、個人で対応する場合があります。
・残業代など、ほとんど付きません。
・家への持ち帰り仕事、当然です。
・ゆっくり食事する時間はありません。
・新任でも基本、放置です（※同僚が手助けする余裕なんてありません）。

という言い方で表現せざるをえない。この根本問題を改善しようとはせず、「子どもと毎日触れ合えるとても素敵な仕事なので、ちょっとブラックな部分くらい目をつむってね」

と言わんばかりの小手先のキャンペーンを始めたから、教師は怒ったのだ。

やりがいがある仕事なのだから、どんな壁も乗り越えられるはず、というブラック企業の経営者が持ちだしそうな価値観がそこには見え隠れする。ブラック労働の状況を打破するのが文科省の仕事であるべきなのに、そこには目をつむって「やりがい」でごまかそうとしたのだ。

この章の冒頭で述べたように、一人ひとりの文科省職員は全力で仕事をしている。私が関わったことのあるどの方も、本当に熱心ないい人だった。だとしたら、学校だけではなく、文科省の組織そのものも抜本的に改革すべきなのかもしれない。

教育委員会はもっと教師の声に耳を傾けるべきだ

教育委員会は、教育行政を司る機関である。そのなかでも学校教育に直接関わる職員については、勤務形態や業務内容を改めるべきだと私は考えている。

用があって教育委員会に出向くことがあったが、みな一様にパソコンに向かってむずかしい顔をして仕事をしていた。おそらく各学校から送られてきた書類を整理しているのだろう。学校には教育委員会から、いじめや不登校の状況を確認するような調査書類が頻繁に送られてくるのだ。もし担当者が回答を忘れていたら、学校に連絡して督促しなければならない。

「ここは現場より忙しいよ」

彼らにすれば、そんなふうに言いたいだろう。

私は教育委員会の職員に担当する学校を振り分け、それぞれの学校に常駐させたらどうかと思っている。今ではオンラインでの会議も日常になり、必要であれば出先の学校にいながら会議にも参加できる。送られてくるアンケートや調査の報告をチェックするのではなく、自分で見て、資料をまとめたほうが効率的ではないだろうか。不明点はすぐ当人に確認できて、ウィン・ウィンの関係である。

「そんなに職員の数はいないよ！」

ということであれば、一人が数校を担当し、曜日によって出かける学校を決めてもいい。毎日、新たな発見があるはずだし、今までのように、「教育委員会の動きが遅い」といった現場からの苦情も減るだろう。

だが、実際にはこうした現場へのアプローチは片鱗もない。たまに学校に視察でくることはあっても、ときにそれは大名行列のよう。校長によっては、

「今日は、教育委員会の方がこられるので、校内美化を徹底してください」

と命じる始末。学校内を見てまわるといっても、管理職先導のもと決められたルートを通っていくだけで、保健室で、「教室になんか行きたくない！」と駄々をこねている子どもを見せるコースなど、決して設定しないだろう。

教育長が学校にきたこともあったが、どれも校長室で応対を受けただけで帰ってしまった。せっかく学校にやってきたのだ。子どもたちを前に、講話の一つでもしたら、子どもの反応から、その学校が抱えている問題点もわかるだろう。

もっと現場の空気を吸う機会を増やして、教育委員会の業務や組織を見直す必要がある。学校で働く教師の様子を知るだけでなく、教師不足の原因の一端を垣間見ることもできよう。

教育委員会はなぜ「子どもの使い」のようなまねをするのか

保護者や地域から教育委員会にクレームが入ると、教育委員会の側はその内容を精査したうえで学校に連絡をすることになっている。

ただ、学校現場にいる身からしてみると、

「なんで、こんなことで？」

耳を疑わざるをえないクレームも少なくない。

「担任の先生が大切な連絡を忘れてばかりで……」（実際には忘れていない）

などというクレームがいきなり教育委員会に入って、それがそのまま学校に通達されることがあるのだ。教育委員会は内容を精査するという建前になっているが、保護者に言われたままを学校に伝えてきているように見える。

あるとき、教育委員会の職員に言ったことがある。

「どうして、こんなにくだらない話をわざわざ学校に連絡してくるのですか。教育委員会からの連絡ということになれば、学校はなんらかの対応をしなくてはいけなくなるじゃないですか。その時間がもったいないと思うのです。もっとそちらで取捨選択できないのですか。『そのような要望には教育委員会としては応えられません』というような対応はとれないのですか」

思いきって伝えたが、

「市民からの訴えなので、無下にはできません。われわれには、市民の声に耳を傾ける義務もあるのです」

どこかの政治家のような回答であった。

文科省では、教育委員会制度の意義について、

「個人の精神的な価値の形成を目指して行われる教育においては、その内容は、中立公正であることは極めて重要。このため、教育行政の執行に当たっても、個人的な価値判断や特定の党派的影響力から中立性を確保することが必要」

と規定している。中立とは、対立するどちらの側にも味方しないことを指す。とすると、保護者や地域住民に非があったり、一方的な思いこみであったりする場合は、そこをしっかりとただす必要がある。だが実際には、

「保護者の方が納得されないので……」

学校に対応を強制してくる場合がある。ときに「いったい誰の味方なんだ」と思わざるをえないこともあるほどだ。

教育委員会の側の視点で考えてみると、保護者からの無体なクレームをはねつけて、怒りの矛先が自分に向けられることを避けたいのだろう。そうしたクレーム対応の際の大変さはよくわかる。だが、それでも彼らはそれをしなければいけないと思う。守るべきはもちろん（彼らの立場やわれわれ教師ではなく）中立性である。

「相手の方がものすごい勢いなので……」

言い訳がましくそう言うのは、根本から間違っているのだ。

教育長が専用車で移動する必要があるのか

どのくらいの数の教育長が公用車を使い、また専用の運転手までいるのか詳しくは知らないが、そのような自治体があるのは事実である。組織のなかで役職が上がり、専用車に乗れる身分になるのは悪い気分ではなかろう。だが、教育委員会のトップにそのような待遇が必要なのだろうか。

自治体の教育長といえば、その地方で働く教師たちの頂点に立つ存在だ。まさにわれわれ教師の意見を汲んで、働きやすい環境を整えてくれる「ボス」とも言える。だが、その教育長に権威を与えすぎるのは問題だ。その権威にすり寄る人間が出てくるからだ。

またそもそも専用車自体、本当に必要だろうか。出張なら自家用車で行けばいいし、公的機関を利用して移動してもなんの問題もないはずである。たしかに、政府の要人であれば、命を狙われるリスクがある。だが、そもそも一般市民が教育長の顔を知っているだろうか。同僚に聞いても、

「教育長の名前も知らないし、当然顔もわからない」

というのが実情である。つまり、専用車で移動する必然性がはじめからないのである。もちろん民間の企業のトップも専用車を使うが、これは話が別だ。その費用は会社が稼ぎだした利益から支出されるからだ。教育長の専用車は税金で賄っている。

私はそんなところにお金を使うのであれば、教師の最低限の人権を守ることに資金を活用してもらいたいと考えている。新聞の投書欄に高校教師からのこんな意見があった。

〈私が勤務する県立高校には、職員室・校長室が計一二あり、このうち八つの職員室でエアコンが設置されていない。私が執務する社会科教員用職員室も未設置だ。エアコンはすべての普通教室で設置済みだが、職員室への設置は遅れている。猛暑が続くなか、パソコンなどを使う事務作業をエアコンのない部屋で続けるのは、誰にとっても困難ではないか。私の周囲では「犠牲者でも出なければ予算はつかないのではないか」と、あきらめの声が出ている。このままでは、いずれ倒れる人が出るのではないかと心配だ。教師の長時間労働が注目されるが、職員室のエアコンにも注目してほしい〉

（『読売新聞』二〇二三年八月二一日）

助けを求める心の叫びである。三〇度を大きく超える職員室で日々奮闘している教師がいることに驚いた。県立高校だから、管轄は県の教育委員会ということになる。

この県の教育長が専用車に乗っているかどうかは定かではない。ただ、一般の教師と異なる待遇があるとしたら、一考の余地はあるだろう。教育基本法には、「教育長や教育委員会の職員、また各学校の管理職は、一般の教師よりも身分が上でなにかにつけて優遇されるべきである」

などとは書かれていない。

異常な学校間格差はなぜ生まれるのか

私は教育学部の出身で、大学の同級生はほとんど教師になっている。なにかの機会に集まると、自然とそれぞれの学校の話になる。

「うちの学校にも、ようやくエアコンがついたよ」

やはりエアコンひとつとっても、地域によってだいぶ事情が異なるようである。学校によってさまざまな格差が生じているのは本当の話なのだ。

「うちの市では、いわゆる『ドン』と呼ばれる強面《こわもて》の校長がいて、その人が要望すると真っ先に予算がつくらしいよ。出張とかでその学校に行くと、大きな模造紙サイズでも出力できる大型プリンターまであるんだよ」

一般の人からすると、信じられないような話であろう。

「うちの市では、校長会長や教育長になるための登竜門的な学校がある。その学校で校長をやらないと、まずその上には行けないことになっている」

こんな話を聞くと、怒りが湧いてくる。教育委員会の主導のもと、学校の扱いに差をつけたり、恣意的な人事をしたりしているのだ。子どもそっちのけの話である。

ある地方都市で教師をやっている友人が言うには、

「（校長である）俺の顔を立てろ！」

校長が教育委員会に要望して最新式のトイレを設置させたという。しかも、新設されたトイレを見て、

「どうだ、俺のトイレは？」

まるで自分が費用を出したかのような鼻息だったという。権力を振りかざす校長と特定の学校だけ優遇する教育委員会、その関係のあり方は、まるで時代劇を見ているかのようである。

これは現場の教師が教育委員会に行くことによる弊害かもしれない。本来、学校のマネジメントを考えたとき、教育委員会は学校から独立した組織である必要があるのかもしれないが、現実には、教師が教育委員会を経由して校長になったり、校長から教育委員会の

上層部に行ったりと、教育委員会と学校との関係は深いのだ。

そうなると当然、個人的な人間関係も生まれてきて、えこひいきされる学校とそうでない学校が出てくるのだろう。教育委員会が健全な立ち位置を確保するためには、独立性を評価する人材や部署も必要なのかもしれない。ただそれはまた、さらに余分なお金がかかる話ではあるのだが。

全国学力・学習状況調査は誰のためにやっているのか

全国学力・学習状況調査の結果に一喜一憂する教育長がいる。多くの子どもたちが間違えた問題を調べて、どこでつまずいているのかを確認して、

「定着率を上げるためにも、授業改善に力を入れましょう」

ということならば素晴らしいのだが、実際にはまったく違う。なかには各校をまわって過去問を配付していた教育長もいるのである。子どもの学力を上げることではなく、

「子どもたちの成績を劇的に上げた伝説の教育長」

そんな肩書を得ることが目的なのだろう。

この種の事前対策は、日本各地でおこなわれているようだ。二〇二二年、全国学力・学習状況調査で全国トップクラスの成績を残し続けている秋田県で、県教職員組合がテストの対象となる小学六年生と中学三年生を受け持つ教員に調査したところ、回答した三六八人の教員のうち、およそ七五パーセントにあたる二七四人が「事前対策をおこなった」と回答したという。

教育長の指示があったかどうかは不明だが、

「テスト対策にあたるような、事前の準備はしないように！」

という指示があったとは思えない。

二〇一六年に文科省は「全国学力・学習状況調査に係る適切な取組の推進について」という通知を出している。そのなかで、

「4月前後になると、例えば、調査実施前に授業時間を使って集中的に過去の調査問題を練習させ、本来実施すべき学習が十分に実施できないなどといった声が一部から寄せられるといった状況が生じています。仮に数値データの上昇のみを目的にしているととられかねないような行き過ぎた取扱いがあれば、それは本調査の趣旨・目的を損なうものである

と考えております」

わざわざ、こんな指摘までしている。その趣旨を無視して、自治体間のメンツをかけた争いという様相を呈してしまっているのである。

このような事案も、本来なら教育委員会がきちんと監視しなければならない。だが、以前ある出張先で教育委員会の職員と話していたら、その人物が、

「あと漢字一問、それが正解になるだけで、全国学力・学習状況調査の順位が大きく上がるのです」

耳を疑うようなことを言っていた。これを子どもが聞いたらどう思うだろうか。

「私たちは、大人のメンツのためにテストを頑張らないといけないんですか」

と思うのではないか。勉強する意味すら疑うことになるはずだ。

愛知県犬山市で教育長を務めていた瀬見井久教育長が思い出される。二〇〇七年、全国の自治体で唯一、全国学力・学習状況調査に参加しなかった。

「(調査は)愚行だと思う。子どもたちのためにならない」

そこまではっきりと言いきった。

「犬山の子は犬山で育てる」

そんな覚悟を持ち、自治体間の競争など無意味だと主張する姿は気高くさえあった。教育長は無私の姿勢が求められるむずかしいポジションだと思うが、こうした気概を持って役職をまっとうしてほしいと願うばかりである。

自治体は教師不足の本当の理由をわかっているのか

新人教師の採用方法は各自治体に任されているが、驚いたのは東京都まで選考を大学三年生からに前倒ししたことだ。東京都教育委員会の通知では、「大学3年次等に、前倒しして一次選考の教職教養と専門教養を受験できるようになりました。3年次の選考において、一定以上の点数をとった方を『選考通過者』とします。選考通過者は、翌年度論文選考を受験し、その合格者について二次選考を実施します」となっている。

採用試験の勉強や教育実習など、多くの準備が求められる大学四年生の負担を軽減し受験しやすくするためと言っているが、人数を確保するための青田買いだと言われてもしかたがない。他の自治体でも同様の対応は見られ、このままなし崩し的に全国に広がっていくのではないかと懸念される。

選考を大学三年生に前倒しするということは、対象となる学生はその時点から就職活動を始めるということを意味する。大学側からすると、三年生でようやく専門的な学問に没頭できるはずが、学生の時間も気持ちも採用試験に持っていかれるということになろう。

これは大学が本来の存在意義を失いかねない、由々しき事態である。学問に没頭する時間は教師になったときの財産になるはずなのだが、その機会を教育委員会が奪ってしまうのだ。それが教師の質の低下につながると言われたら反論できないはずだ。自分たちでみずからの首を絞めていることになる。

前述した文科省の「＃教師のバトン」プロジェクトが上手くいかなかった理由はわかる。それを推進した人間に現場感覚がないからだ。対して、教育委員会の職員は、一定数現場の教師経験者が占めているはず。こんな目先の対応策では効果がないことを肌で感じているはずなのだ。なのに平気でこんな愚策を用いている。

「他の自治体から学生を奪いとるようなまねは、まずいでしょう」

そんな、まともな意見は出ないのだろうか。

教育委員会は現在の教師不足を採用のタイムスケジュールの問題だと誤解しているようだが、実際には教職を目指す学生に魅力ある仕事として映っていないからである。「＃教師のバトン」プロジェクトのように、「だとしたら、魅力ある仕事のように見せかけよう」では困る。

今こそ、教師が本来の仕事に専念できる環境を整えていく必要があるのだ。たとえば、

「本市では、理不尽なクレームは教育委員会が撲滅させていきます」

「子どもへの対応がむずかしい場合は、専門職員を派遣します」

というように、現場の教師を支える方策を提示してほしいのだ。

一朝一夕でなんとかしようとするのではなく、たしかなビジョンを持って教育現場の環境改善に取り組むべきだ。現場の教師が安心して仕事に注力できるようにしてほしい。

「先生が授業に専念するための環境整備は、われわれに任せてほしい」

教育委員会からは、是非そんな言葉を聞いてみたい。

第5章 覚悟のない人間が校長になるな！

「触らぬ神に祟《たた》りなしですよ」

何十年も教師をやっていると、対応がむずかしい保護者にも数多く遭遇することになる。なかには教師に対する暴言だけでは飽き足らず、ケガをしない程度を見計らって暴力に訴える保護者もいる。

そんな「強者」のなかでも、ある女性の行動は常軌を逸していた。公衆の面前で教師に

対して暴力をふるったのだ。当時の校長は、

「触らぬ神に祟りなしですよ」

そう公言し、われわれ教師にもできるだけこの保護者と接触しないように伝えてきた。多くの教師が恐れをなし、誰もがこの保護者の子どもの担任になるのを嫌がるという状況だった。

そこに女性の新任校長がやってきた。

四月下旬のこと、私が忘れ物をとりに土曜日の学校に出かけると、職員室の隣の校長室の電気がついていていて、珍しくドアが閉められていた。二時間くらいたっただろうか。やがて、一人の男性が校長室から出てきて、そそくさと学校を後にした。

気になって校長になにかあったのか聞いてみると、

「ああ、彼女の旦那さんなの」

その一言ですぐにわかった。校長が例の保護者の夫を学校に呼び出したのだ。さらに聞いてみると、

「ほら、彼女が本校の教師に手を出して騒ぎになったでしょう。だから、旦那さんを呼んで、次は警察に連絡するって伝えたのよ。最初は了承してくれなかったけど、ようやくわ

かってくれたの。みんなには週明けに説明するから」

予想をはるかに超えた神対応だった。それ以来、この保護者の暴力と、そして暴言までもがピタリと止んだ。

それにしても、休日に一人で面倒な保護者と対峙するとはすごい覚悟である。もしかしたら、当の暴力女性まで同席し、大騒ぎになっていたかもしれない。

「いいえ、旦那さん一人で来校されるようにお願いしてあったの」

いくらそう言っていたとしても、それが守られる保証などないのだ。教師を守るのが校長である自分の仕事なのだという強い覚悟がなければ、決してできない対応だったと思う。

「校長になったことを、私の母も大変よろこんでおりまして」

彼女のように、教師のために自分が盾になろうという校長はまれである。それどころか、こちらに非がなくても、保護者からクレームがくればまずは謝罪に徹するというのが学校の一般的な姿勢だ。ある校長が、

「保護者との人間関係をもっと重視してください」

あまりにしつこく言うので、あるとき、

「言われなくても、われわれ教師は保護者の方との関係を築こうと躍起になっています。それなのに事あるごとにそんなふうに言われたら、現状ではまだダメなのかとみんな不安になってしまいます。『それがその子どものためになるのだったら、たとえ保護者との人間関係が壊れたとしても問題ありません』くらいのことを言えないものですか」

耐えきれなくなって反論してしまったこともあるのだが、

「そんなこと、言えるはずがない」

校長から返ってきたのは、素っ気ない答えであった。

「保護者に人事権があるわけでもないですし、そんなに気を遣うことはないんじゃないですか」

しつこく言い返してみたものの、

「保護者を敵に回してしまったら、学校は立ち行かなくなります」

の一点張りだった。

実際には、一部の保護者を敵に回したとしても、学校が機能不全に陥るとは考えられない。むしろ、問題のある保護者に対して毅然とした対応をとれば、大多数を占める常識的な保護者たちから評価される可能性のほうが高いはずだ。なのに、なぜ校長はそんな一部の保護者に異常なまでに気を遣うのだろうか。

校長になっている学生時代の同級生によると、

「校長である自分のところにまでクレームが届くようでは、管理職として力不足。そんなふうに思われるのが嫌なんじゃないかな」

ということだった。いったい誰に対して、そう思われるのが嫌なのか重ねて聞くと、

「それは教育委員会だったり、教職員だったり……。自分のところに話がこないように、現場で上手く処理してくれということなのだろうね」

それではなんのために校長になったのかわからない、と私などは考えてしまうのだが、これが現実なのだろう。そういえば以前、ある新任校長が職員室でこんな挨拶をしていた。

「校長になったことを私の母も大変よろこんでおりまして……」

つい口が滑って、本音が出てしまったのだろう。校長になること自体が目標だというような人間は、本来なら校長になるべきではないだろう。

「私にはこうして謝ることしかできません」

教育課程（カリキュラム）の編成でミスをおかして、

「私の力不足で申し訳ありませんでした」

職員室に教師を集めて謝罪した校長がいた。編成のしかたに問題があるのではないかと指摘する声は事前に出ていた。校長は「大丈夫です」と堂々と言いきっていたのだが、結果はやはり間違いだった。確認を怠らなければ防げた単純なミスだったということだ。

なぜこんな恥ずべきエピソードをここで紹介しているのかというと、とりあえず謝罪すればチャラになるという感覚を持った校長がいることに危惧を覚えるからだ。謝ればそれで許してもらえるというのは、子どもの世界の話である。

校長のやり方に疑問を呈すると、

「責任は私がとるからいいんだ」

やたらとそんな台詞を口にする校長もいた。問題なのは、この校長が「責任をとること

＝辞めること」と曲解していたことだ。問題が大きくなれば、校長が辞めたからといって事態が収束するわけではない。言っておくが、そもそも彼らには辞表を提出する覚悟など、はじめからない。

軽々に責任をとると口にする校長も、ケアレスミスが原因で謝罪する校長も、根っこは同じである。自分の行為がまわりにどんな影響を及ぼすかに思いがいたらず、出たとこ勝負でわれわれ教師に対峙しているのだ。だから、

「私にはこうして謝ることしかできません」

「いざというときには、私が辞めることで納得してもらえればと思うのです」

そんな安易な発言ができるのだ。

この章の冒頭で紹介した女性校長は間違ってもそのような言葉は口にしなかった。

「もう一度よく考えて、次の手を打ちましょう」

これが口癖だった。頻繁にこの台詞を聞いていると、われわれ教師のほうも、

「なんとか問題が解決するまで頑張りつづけよう」

そう思えたものだ。実際、校長のこうした態度によって、学校を取り巻く環境はずいぶんとよくなった。どんなに面倒なことになっても、解決するまで取り組み続ける覚悟があ

るかどうか。それが上に立つ人間に求められている資質だと思う。

「教育委員会でも、そう言っているので……」

ダメな校長には二つのタイプがあるように思う。一つは、明らかに判断が間違っているのにそれを認められず、

「俺がこれで行くと言ったんだから、それでいいんだ」

そんな姿勢で押し通す非論理的なタイプである。実際にはこの段階ですでにテンパっていて、まわりの人間は校長の尻ぬぐいをするために右往左往することになる。

もう一つは、外部に相談してばかりいて自分ではまったく判断しないタイプだ。われわれ教師の話を聞くわけではない。伝家の宝刀を抜くかのように教育委員会にお伺いを立てるのだ。

もちろん、教育委員会に確認をとるほうが望ましいケースもあるが、ことあるごとに教育委員会に問い合わせている姿を見ていると、たんに自分の責任で判断することから逃げ

ているだけなのではないかと疑ってしまう。

教育委員会といっても、学校独自の風土やその時々の子どもたちの状況、われわれ教師の置かれている実情など、その学校の本当の姿をつぶさに把握しているわけではない。一般論としては正解に思えることでも、その学校にとっては不正解ということもあるのだ。だから、教育委員会にお伺いを立てるのは最後の手段であるべきなのだ。

「教育委員会でも、そう言っているので……」

ことあるごとに教育委員会のお墨付きを欲しがる校長には、組織を統《す》べる責任者としての覚悟が欠けている。そしてそれは当の教育委員会にも丸わかりなのだ。教育委員会に籍を置く知り合いによると、

「電話してくる校長は、だいたい決まっているよね」

ということだそうだ。

なにもかも教育委員会に判断を委ねることの問題は、他にもある。学校としての判断力を磨く機会が失われることだ。現場での判断を第三者に委ねているわけだから、校長だけでなくわれわれ教師の側も自力で判断する力を失っていく。学校全体に、

「誰かが判断してくれるだろう」

そんな依存的な姿勢が染みついてしまうのだ。教育委員会やスクールロイヤーが示した指針を伝達し順守するだけの存在であれば、学校に校長など不要ではないだろうか。

近い将来、現場を去る人間として、ここで改めてきびしいことを言わせてもらいたい。判断に迷い、決断したことが本当に正しかったのか悩み、意見の対立に傷つき……そんなプロセスこそが学校という組織を強くしていくのだ。

校長がみずから覚悟を決めて方針を示せば、自然と教師たちも覚悟していく。それが最終的には子どもたちにも還元されていくのだ。実際に学級運営とは決断の連続である。自分では決めることができず、

「校長先生、どうすればいいんですか」

すぐに判断を仰ぎにいく教師もいるが、それではダメなのだ。子どもたちの目の前で、教師がみずから決断する姿を見せないからである。子どもたちは教師の様子を見て、

「ああ、大人はこうやって決断するんだ」

そうした学びを得ていく。校長の覚悟は、子どもたちにまで伝わっていくものだということを、すべての校長は肝に銘じてほしい。

学校はなんのために謝罪会見を開くのか

学校が謝罪会見する様子をテレビで見ることがある。そもそも、ことあるごとに謝罪会見をおこなうのは日本特有の文化らしい。アメリカでの実態について、日経ビジネス電子版（二〇一九年一二月三日）において、厚切りジェイソン氏が次のように述べている。

〈そもそも謝罪会見なんてほとんどしませんね。加害者が被害者に対して直接謝ることはもちろんありますよ。ただ、社会に対して謝るということは聞いたことがない。意味がないですから〉

言われてみれば、そのとおりである。

教師の不祥事による会見では、校長や教育委員会の代表者が深々と頭を下げて、お詫びの言葉を口にしている。被害者のところに出向き、

「本校の職員がとんでもないことをいたしました」

と言って謝罪するならわかるが、そうではなく広く社会に向けて頭を下げているのだ。謝罪の意を表す相手が不在なのに、メディアを通してお詫びの気持ちを伝えることには違和感を覚える。このような記者会見は、世間に「もう、まったく最近の教師たちは……」という気分を醸成しているだけのようにも思える。

なにかあった際の報道対応について、たとえば、北海道教育委員会では、

「児童生徒又は教職員の事件や事故の場合、警察発表等を受けた報道機関の取材が殺到することがある。そのようなときは誠意をもって対応し、可能な限り取材に協力するように心がける。また、事故などの内容によっては、報道機関の取材前に積極的に報道発表していく姿勢も大切である」

としている。さらに、教育委員会との連携についても、

「事前に市町村教育委員会と緊密に連携を図るとともに、記者会見を開く際の留意事項等について助言を得るなど支援を要請する」

となっている。会見にいたる流れについては、全国的にほぼこれと同じだろう。学校側から積極的に会見を希望することは考えられない。

「学校として記者会見を開きましょう。教育委員会の職員も同席します」

そんなありがたい助言を受けて、教育委員会の主導のもと会見がセットされるのが実情ではないだろうか。

いざ問題が起これば、教育委員会だけでなく報道機関や保護者、地域住民からもプレッシャーがかかるのだろうが、私は学校が開く記者会見には、デメリットのほうがはるかに多いのではないかと考えている。

記者会見で問題の所在が明らかになり、それが子どもたちや保護者の安心につながるのならいいが、そんなケースは一度も見たことがない。学校周辺では登下校中の子どもたちがカメラで追いまわされ、ネットでは匿名で取材を受けた保護者を特定しようと大騒ぎになり、ニュース番組では学校の現状などなにも知らないコメンテーターが無責任な発言を繰り返す――。

現実にはそんな状況を引き起こすだけだから、校長が毅然と断ればいいのだ。校長は学校の管理者として当事者への対応に注力すべきで、見せしめの儀式のような謝罪会見などやる必要はない。謝るだけならサルでもできるのだ。

校長なら言ってみろ①
「私がなんとかしましょう」

二〇〇六年にＮＨＫで放送された『プロフェッショナル仕事の流儀』で脳神経外科医、上山博康先生の仕事の様子を見た。脳動脈瘤はかならず破裂するとは限らないが、ひとたび破裂すれば半数が死にいたるとされている。破裂を未然に防ぐために手術することもできるが、その判断は簡単ではないらしい。上山先生は、不安を抱えた患者に対して、

「大丈夫だ」

そう言いきるのである。

「患者は人生をかけて医者を信頼する。その信頼に対して医者はなにができるのか。みずからもリスクをとって五分と五分の関係を築くこと、それが礼儀だと思う」

言いきることには覚悟がいるが、患者の覚悟に対してこちらも覚悟を示さなければ礼儀に反するという考え方であった。訴訟を受けるリスクを負ってでも覚悟を示す姿勢に、私は深く感銘を受けた。

その後、私も担任としてたびたびこの言葉を使った。上山先生のまねである。

「成績が上がらないんですけど……」

面談での保護者の訴えに、

「大丈夫です。僕に任せてください」

と断言したのだ。実際に言ってみて感じたのは、言ったからには本当に達成しなければならないというプレッシャー、そして絶対にこの子の成績を上げてみせるという高揚感である。言ったからには約束は守らなければならない。自然と覚悟が決まった。もちろん、その子だけに特化した授業をするわけではない。

「子どもたち全員の学力を上げてみせる」

という覚悟で毎日の授業に臨んだ。そして、それなりの結果も出たと自負している。

学校では、さまざまな問題が起こる。担任のところに怒鳴りこんでくる保護者がいれば、担任の不注意で子どもがケガすることもある。同僚との人間関係に神経をすり減らす教師だっている。私が今、全国に数多いる校長にお願いしたいのは、

「私がなんとかしましょう」

という言葉を発することだ。もちろん言ったからには、本当になんとかしなければなら

ない。なんとかなるまで、やり続けなければならない。おそらく大変な思いをするはずだが、校長がそう断言してくれれば絶対にいいことがある。

相談してきた教師から盤石の信頼を得られるだろうし、それ以上に大きいのは、それぞれの教師が安心して仕事に取り組めるようになることで、学校全体がより円滑にまわりだすことだ。教師の調子のよさは子どもにもポジティブな影響を与え、学校の雰囲気はよりよくなっていく。まさに「いいこと尽くし」の好循環が生まれるのである。

だが……。現実には、

「私がなんとかしましょう。任せてください」

毅然と言った校長を、残念ながらほとんど知らない。言ってもダメだったときのことを恐れて、簡単には口にできないのだろう。それでも、なんとか言ってほしい。逆に、この言葉を口にする覚悟がなければ簡単に校長職を引き受けないでほしい。そう思っている教師は多いはずである。

校長なら言ってみろ②
「一生懸命やっているのだから恐れることはありません」

われわれ教師も、校長も、自分の仕事を一生懸命やるのは当然のこと。だが、懸命にやっていてもミスすることはあるし、後ろ指を指されることもある。結果がともなっていても、足を引っ張られることはあるだろう。

われわれ教育者が大切にすべきなのは、たまたま上手くいったという結果ではなく、上手くいくように努めたという過程である。

「大事なのは過程であって結果ではない」

かつて陸上短距離で世界に君臨したカール・ルイスの言葉である。過程を大切にする人間は、「よい結果」を得られる可能性が高いが、それ以上に「よい人生」を歩むチャンスが膨らむ。これは教師としての経験からも、そう言える。

そして子どもたちも、われわれ教師が「なにをしたか」ではなく、「なにをしようとしたか」を見ているはずだ。だから、教師の側も安直に結果を出そうとするのではなく、懸命に取り組む過程、必死にもがいていく過程を子どもたちに見せるべきなのだ。

もっとも、教師を取り巻く現実はきびしい。

「全国学力・学習状況調査の結果は昨年のままでいいんですか」

校長にそう問われれば、

「今年は、なんとかします」

あわてて子どもたちに過去問を配付し、場当たり的に点数を上げようとするのが現在の教育現場だ。もしそのような場面で、

「今年は少しでも点数が上がるように、みなさん頑張りましょう」

ではなく、

「一生懸命やっているのだから、なにも恐れることはありません」

校長がそんなメッセージを出してくれたら、われわれ教師も子どもたちの指導に没頭できる。

ここで白状するのだが、私は全国学力・学習状況調査の結果が思わしくない自治体で小学校教師をやってきた。以前、親しくなった教育長と話をしたとき、彼はこんなことを言っていた。

「たしかに、うちは点数が若干低いよ。でも、〝生きる力〟調査をやらせたら、全国でも断トツじゃないの」

〝生きる力〟調査など存在しないし、やっても学力調査と同様に下位に低迷するかもしれない。ただ、しらばっくれたような彼の発言を聞いたとき、私は妙な安心感を覚えたのだ。決して、結果が出なくても責められないことに安心したのではない。目先の数字にとらわれず、大きな視点でものごとを見ている人間のもとで仕事ができていることから生まれる充足感である。

日々、複雑な人間模様のなかで仕事をする以上は、ドンと腰を据えた責任者が近くにいてほしい。そういう人間が上にいれば、問題が起こってもなんとかなるという気持ちになってくる。

われわれ教師もバカではない。世の中、怖いものだらけだということくらい知っているし、日々不安だらけだ。だから、校長の覚悟を聞きたいのである。われわれ教師がいくら覚悟しても、校長に覚悟がなければ話にならないのだから。

校長なら言ってみろ③

「保護者との人間関係が悪くなってもしかたない」

現在の日本の組織では、「人間関係」という言葉がやたらと使われている。学校も例外ではない。多くの人間が集まる場だからしかたないのだろうが、昔、先輩教師が、

「子どもとの人間関係が切れてでも、教師がやるべきことをやる」

と言っていたのには勇気をもらった。人間関係は「つくるもの」ではなく、「できるもの」なのだ。子どもたちとの関係性を気にしすぎている後輩たちが気になったのだろう。ハッとさせられた瞬間だった。

先にも述べたとおり、保護者との人間関係を重視するように訴える校長は多い。保護者重視がエスカレートして、

「とにかく保護者を怒らせないでください」

真顔でそう訴える校長もいたという。保護者との関係維持が目的化してしまうと、真実をありのままに伝えられなくなるし、教師は縮こまってしまう。本当なら、

「保護者との人間関係が切れてもしかたないですよ。全員とわかり合えるのは、現実問題ムリでしょう。まあ、大勢の人がいれば、何人かはそりが合わないものです」
と言ってもらいたい。それで肩の荷が下りる教師も少なくないはずだ。

校長の立場からすると、この発言はリスクが高いのはわかる。なにか問題が起こったとき、

「校長先生がそう言ったからだよね」

自身の責任にされることがありうるからだ。だが、そこはわれわれ教師を信じてもらいたい。決して、仲間を売るようなことはしない。上手くいかないことがあっても、

「それは自分に力がないからだ」

素直にそう思えるはずだ。校長に具体的な問題解決をお願いしたいわけではない。進むべき指針と覚悟を示してほしいだけなのだ。

校長なら言ってみろ④
「ここまでやったんだから、もういいよ」

ストレスを抱えた不登校の子どもに対して「頑張ろう」という言葉は禁句だとされているが、われわれ教師も頑張れないことがある。頑張っても成果が出ず挫折感に苛まれることもある。そんなときは、

「ここまでやったんだから、もういいよ」

校長が教師を支える役割を果たすべきだと思う。

私は校長の資質として、なにかを捨てる覚悟が不可欠だと考えている。あきらめるのではなく、捨てるのだ。なにかを捨てることで、他のなにかを生かすという発想である。

たとえば、鉄棒で逆上がりの見本を見せたいと思っても、それができない教師だっている。運動が苦手な教師ができるようになるまで時間と労力を費やして逆上がりの練習をするより、本人が得意とする算数の教材分析に時間を費やしてもらうほうがいい。

ただ、当事者は往々にしてそこに気づかない場合がある。だから、

「できないことがあっても、しかたがないじゃないですか」

校長には、さりげなく方向転換のきっかけを与える存在になってほしいのだ。

不寛容社会という言葉が定着してしまったかに思える昨今。レストランでウェイトレスの注文の取り方が気に入らないという理由だけで怒鳴ったり、会計が遅いからといってレジ係を罵倒したり、相手が自分の思いどおりに動かないことが許容できない人間を多くの場所で目にする。

教師の場合なら、苦手分野が保護者にばれて、

「先生なのに、こんなこともできないんですか」

と罵倒されることもあるが、教師はなんでもこなせなくてはならない、などということになれば、怖くて教職を目指す若者などいなくなるだろう。だから校長には、

「できないことがあっても問題なし。できることをしっかりやればいい」

そんなスタンスでいてほしい。そうでないと、教師たちはどんどん追いこまれていく。

校長なら言ってみろ⑤
「クレームはすべて引き受けます」

教師がバカにされる理由について、友人がこんなことを言っていた。

「この世知辛い世の中で、学校の先生っていうのは浮世離れした集団なんだよな。世の中には悪い人は誰もいないみたいに思っているみたいで。まあ、子どもを育てるうえでは大切な感覚なんだろうけど、先生だって言うべきことはしっかりと言えるようにしたほうがいいと思うよ」

キツい言い方だが、当然の指摘である。われわれ教師は、外からなにか言われることに慣れていない。反論したいことが山ほどあっても、

「こちらが我慢すれば、なんとか丸く収まるから」

と考えて、沈黙しがちである。はじめは抵抗感があっても、やがて慣れてしまって、ついには我慢しているという自覚も希薄になる。

また、学校においてはトラブルが起こること自体、罪悪だととらえる風潮も根強い。か

って教師が社会から一目置かれていた時代は、トラブル対応を考える必要そのものがなかった。やがて、保護者や地域から突き上げられるようになっても、ふだんは子どもたちと接しているため、

「それでも、話せばわかってもらえる」

そんなふうに思いこんでいた。その前提が完全に間違っていたことがわかり、対応に戸惑っているというのが現在の学校である。だから、われわれ教師は揉めごとへの対応が不得手なのだ。

その結果、教師は打たれっぱなしになっている。保護者に罵倒され、バカにされても、黙っている。

「なんでこんな時代になったんでしょう？」

誰ともなく呟いている同僚がいた。

「もうあの保護者の声を聞いただけで、体が震えてきますよ」

クレーム対応がトラウマのようになっている同僚もいた。

特に担任は個人商店のようなものだ。自分でクレームを受け、自分で解決し、自分で保護者に報告する。理不尽な攻撃にさらされても、誰かが代わって受けてくれるわけではな

い。だから、そのとき校長が、

「クレームはすべて引き受けた」

という姿勢を見せてくれれば、勇気一〇〇倍のはずだ。自分は決して一人ではないと感じられる。そうすると、「もう少し、思いきってやってみようかな……」と思える。そうなると好き勝手なクレームを入れていた保護者も静かになってくる。好循環が始まるのである。

「そんなこと言ったって、実際にできるはずがない」

世の校長たちから、そんな反論が聞こえてきそうだ。だが、彼らはそのために管理職手当をもらっているのではないだろうか。だから、教師を守るのは当然の務めなのだ。校長になるときに、「決して教師を見殺しにはしません」という誓約書を書かせるというのも一つの手だと私は思う。

校長なら言ってみろ⑥
「思いきって業務を減らしましょう」

働き方改革が叫ばれて久しい。文科省でも、教師のこれまでの働き方を見直していく必要があることは理解しているが、具体的な改善策については各学校に任されている。学校によって今まで歩んできた歴史に違いがあり、メスを入れるべき点が異なるからである。

端的に言って、教師の働き方を変えるには受け持っている業務を減らす必要がある。文科省は、教職員間の情報共有における課題をＩＣＴで解決したり、教員業務支援員の活用を紹介したり、さまざまなプランを提示しているが、今のところ効果は限定的である。恩恵にあずかれる教師もいれば、校務分掌の関係で逆に忙しくなる教師もいる。

こうしたテクノロジーの導入で問題が解決するとは思えない。思いきってこれまでの仕事の一部を切り捨てる必要があるだろう。

私の勤務する地区では、コロナ禍が起こるまで教師による夏休みのお祭りパトロールをおこなっていた。働き方改革が叫ばれるようになる前から、会議では不要と考えられる時間外勤務をなくすように教師たちは訴えていたが、事は簡単に進まなかった。

「今までやってきたことを、そう簡単にはなくせない」

主な理由はこれだった。もしパトロールを止めた場合、地域の方から批判されるのではないかという危惧もあった。「伝統」や「校風」という言葉で片づける同僚もいたが、矛盾を感じていた教師も多いはずだ。

今や学校での働き方改革は急務とされていて、さまざまな業務を見直す絶好の機会である。それでも、思いきった断捨離には進めない。

「合唱コンクールをなくして保護者から反対意見がきたら……」

「うちの学校だけ朝会をなくして、なにか言われたら……」

あいかわらず、そんな調子である。ただ、コロナ禍の影響で夏休みのプール開放を止めてそれが現在も続いているが、今ではそれは当たり前のことのように思われている。日本人の特性として、いったん環境が変わってしまえば以降はなにごともなかったかのようにやっていくように思う。最初に変革する意思が大切なのだ。

そしてその意思を示すことができるのは、学校では校長しかいない。

「思いきって、夏休みの宿題を止めることにしましょう」

そんなことを言えば、一部の保護者からは異論が出よう。ただ、そういう意見に対しては、たしかなビジョンで説得していけばいい。

「長い期間、教師の提示した課題がなければ学習できないようでは、将来が心配です。そうならないように、ふだんの生活から主体性を高め、自分のことは自分でできる子どもにしていきましょう。夏休みになってあわてるのではなく、ふだんから自立のための準備を進めていくのです」

ここまで偉そうな台詞は、担任教師には言えない。年のいった校長が言ってこそ、保護者に受け入れられるというものだ。一度、夏休みの宿題がなくなれば、翌年には、

「そう言えば、昔は学校から宿題のプリントなんかが配られていたね」

思い出話になるだろう。

校長が思いきった判断をすれば、それが学校の姿勢として保護者や地域住民にも伝わる。

「学校も、やるときはやるねえ」

彼らの学校を見る目も変わるだろう。バカにする対象となっていた学校が、聖域なき改革を断行する先導的な組織となるわけだ。綿密な準備をする覚悟、決定したプランを断行する覚悟、問題を突きつけられたときに矢面に立つ覚悟なども必要になる。その難事業をやり抜くことこそ、校長職のやりがいというものではないだろうか。

事なかれ主義で、すっかり小さくまとまった校長たちを見るにつけ、

「せっかくのチャンスなのになあ」

そう思う。働き方改革をきっかけにして、教職員から絶大な信頼を得るチャンス、教職

が聖職としての地位を取り戻すチャンス、そして子どもたちに大人のリーダーシップを見せるチャンスである。

「そのように育てたのは、あなたですよ」

この章の最後に、私が保護者の立場で出会った尊敬すべき校長先生のことを紹介させていただきたい。私の息子が小学校時代、ある問題が起きて、関係した子どもたちの保護者が呼ばれた。わが家にも担任教師から電話が入り、私が学校に出かけることになった。いじめと思われる事案だった。

当然、息子がなにをしたのかも気がかりだったが、学校がこういうケースでどのような対応をするのか、じつはそこも気になっていた。担任教師がひととおり状況を説明し、二度とこういうことがないようにわれわれ保護者に念を押した。多くの保護者が神妙に話を聞いていたように思う。

そのときである。一人の保護者が口を開いた。

「うちの子は、周囲に引きずられやすくって……」

いじめの現場にはいたが、主導したわけではないと訴えたかったのだろう。彼女がこの発言をした瞬間、それまでずっと黙っていた校長先生が口を開いた。

「そのように育てたのは、あなたですよ」

場の空気が一瞬にして凍りついた。もしかしたら、他にもなにか言いたい保護者がいたかもしれないが、もう誰も口を挟まなかった。校長先生の言うとおりだからだ。もちろん、彼女もうつむいたまま、二度と顔をあげることはなかった。

この一言の効果は、大きかった。当日、集められた保護者が他の保護者に話をして、それが自然と広まっていったのだろう。保護者のあいだで、学校にうかつなことは言えないという雰囲気が生まれたのだ。理不尽な要求をする保護者も激減したにちがいない。

それからしばらくたって、息子の運動会を見にいったときのことである。この校長先生を見かけたので、話をしてみたいと思って声をかけた。

「齋藤です。先日は大変ご迷惑をおかけいたしました」

すでに後片づけの時間だったので、しばらく時間をとって話ができるかもしれないと期待もしていた。だが校長先生は、

「いいんですよ。子どもはそういうことがありますから」

それだけ言うと、片づけをしているテントのほうに歩いていってしまった。特に不機嫌だったわけではなく、「今は忙しいから、これで失礼します」というフラットな態度だった。もし自分が逆の立場だったら、笑顔を見せて社交辞令の一つも言っただろう。少しでもよい印象を保護者に与えたいからだ。

私は彼の振る舞いから、「一人ひとりの保護者がどう思っているかなんて、教育者にとって大した問題ではない」というメッセージを受けとったような気がしている。泰然自若とした態度からは、揺るぎのない自信が伝わってきた。日ごろから、なにがあっても自分が受けて立つという覚悟を持って奉職しているから、おのずと威厳が湧き出てくるのだ。

多くの教師にとって、「校長になる」ということは出世双六のゴールかもしれない。新任校長のもとにはたくさんの花が届く。だが、校長になることはゴールではなくスタートなのだ。

「自分が守り抜く」

という覚悟を、身をもって示していく日々のスタートである。もちろん、われわれ教師にも覚悟は求められる。ただ校長に覚悟がないと、教師がいくら奮闘しても足元をすくわれる。妥協や迎合、謝罪で学校は守れない。これだけは忘れないでほしい。

終章

これ以上バカにするなら、まともな教師がいなくなるぞ！

処方箋などあるはずがない

前著『教師という接客業』を出したとき、読んでいただいた方から、「著者は愚痴が言いたいだけで、処方箋の提示がない」という指摘があった。もっともな意見である。本来、こうした問題提起の書を出すような場合、あわせて処方箋の提示があってしかるべきだろう。

目下の状況を改善するには、第一に学校が自助努力をする必要がある。教師が一致団結し、毅然とした振る舞いに徹するように心がけるのだ。だが、長年にわたって現場にいた者として言えるのは、その体力が学校には残っていないということである。

「うちの学校はこうやって教師のやりがいを見つけました」

前向きな現場報告も目にするが、子ども・教師・保護者の息が合うという稀有な条件に支えられて上手くいった事例ばかりだ（でなければ、脚色している可能性がある）。そうでなければ、うつ病による休職教員数の激増は説明できない。

教育委員会レベルでなにかできるのではないかとお考えの方もいるかもしれないが、それができないから、「せめてうちの市だけでも、採用人数を確保しよう」と青田買いに走っているのである。

教育委員会の職員も忙しい。籍を置いていた友人は、

「家に帰れないことが多いから、近くのビジネスホテルの割引チケットをたくさん買ってるよ。一枚あげようか」

自虐的にそんなことを言っていた。日々学校からあがってくる報告書の整理でてんてこ

舞いということだった。学校を支える前に、「俺を救ってくれ！」と、本音とも冗談ともつかないことを言っていた。

では、国レベルで処方箋があるだろうか。法律の整備という切り札はあるが、

「たとえば保護者が教師に対する暴言を吐いたら、教育公務員侮辱罪。子どもの態度が悪かったら、更生施設追放罪。こんな法律ができて、なおかつ迅速に執行されるようになったら、昔のように教師になりたいという若者が殺到するんじゃないのかな」

同僚の前でそんな冗談を口にしたら、彼は笑顔を浮かべながらもこう言った。

「ただ、それでは表面的に言うことを聞くだけで、教師はどこかの国の指導者みたいじゃないですか。もっと自然にリスペクトされたいですよ」

そこでいったん言いよどむと、こう付け加えた。

「……いや、リスペクトなんてされなくてもいいから、普通に扱ってほしいかな。心穏やかに仕事に専念できれば、それでいいんですけどね」

これが教師の本音だと思う。それに法整備など、現実的にはありえない。教育基本法第一〇条で家庭教育の充実がうたわれただけで、国家が家庭に介入するなと反対運動が起こった国である。国が学校に対してできることをあれこれ考えても、そんなものはまったく現

実的ではない。

つまり、なにが言いたいのかというと、処方箋など存在しないということである。だから、現状を告発し、愚痴る（または問題提起する）しかないのだ。

「そんな愚痴は聞きたくない」

そう言われても、私は愚痴りつづけるつもりである。世の中の人が考えているより、われわれ教師が置かれている状況はきびしく、日々追いこまれているからだ。少しでも教師の窮状を知ってもらいたい。そして、できれば自然発生的に、

「このままでは、日本の学校が崩壊してしまう！」

多くの声が集まって、なんとか状況が改善されればと願っている。現在の、教師がバカにされる教育現場を救えるとしたら、それしかないのだ。

それでもまだ、「具体的な処方箋を示すべきだ！」と言うのなら、考えうる解決策を私に教えてほしい。連絡できる限りの仲間たちに、その秘策を説いてまわりたいと思う。

結局は誰もが損をする

昔のテレビドラマで見た学園モノ。生徒たちは教師たちに反抗し、自分たちの存在意義を確認する。だがやがて、教師の熱い魂に触れた彼らは心を許し、教師とともに目的に向かってともに歩んでいく。このようなストーリーが定番だった。

教師との心の交流が一つのテーマだったが、しだいに教師や学校という「権力」に立ち向かう生徒はカッコいいというメッセージもそこには織りこまれるようになった。そして、そのあたりから、徐々に学校はおかしな方向に向かっていったのかもしれない。教師に逆らうことが目的化していったのである。

だが今やドラマでも、教師叩きは面白みがないようだ。実際の現場が悲劇的な状況だからである。誰もわれわれを助けてはくれない。教育委員会からは「教師のメンタルヘルス」に関する資料が配付されているが、かといって具体的になにかをしてくれるわけではない。要するに、どこにも逃げ場所がないのである。

じつは、私はそこに解決の糸口があるのではないかと思っている。ネットを見ていると、「四月の始業式。首都圏のある公立小学校では、低学年の一学級の正式な担任の名前を発表できなかった。病気で休む教員の代役が見つからなかったためだ」

「担当教員が不足しているため、同じ教員が二クラス同時に授業をおこなうことがあり、教室を出たり入ったりしている」

というように、教師不足に関するひどいニュースを頻繁に目にする。この状況が続けば、どんな不利益が起こるか、社会全体が認識するようになってきていると思うのだ。

教師の不人気ぶりが加速すれば、教師の質の問題も出てくる。教師の質が低下すれば、子どもの学力も間違いなく下がる。子どもの学力低下は、社会全体に影響を与えるはずだ。技術立国であった日本が、その地位を失うことになるのは明白だ。

教師不足による学校機能の衰退は、ここまでの事態を引き起こす。

「そんなことになったら、みんなが損をする」

社会全体でそうした意識を持つにいたり、ようやく抜本的な変革ができるのではないかと思う。

「二〇年後」では手遅れなのだ

すでに状況は差し迫っている。ひょっとしたら、もう遅いのかもしれない。現場の肌感覚では、そのくらいの切迫感である。

担任がいないクラスが、すでにあちこちの学校で発生している。急遽、代役としてやってくる担任も、なんとか苦労してどこかから探してきた有資格者であるが、人材の質など問える状況ではない。

心を病んで休職に追いこまれる仲間も増え続けている。文科省がデータを公表しているが、実際はもっと多いだろう。

「じつは薬を飲みながらやっているの」

ふと同僚が漏らしたこともある。口には出さなくても、誰もがギリギリだ。だから、誰が療養休暇をとったと聞いても、まったく驚かなくなった。

「子どもの担任の先生が一年間で何人も代わっている」

社会では驚きをもって伝えられるニュースにも、特別な印象は受けない。

マスコミはよく教師の働き過ぎを伝えているが、私にはそれが主たる要因とは思えない。昔の先生も同じ条件で働いていたからだ。それでも教職は絶大な人気があった。私が教師になったのは、

「ああ、先生なんですね！」

ある種、畏敬の念をもって見られていた時代である。今となっては、

「なんだ、先生なんですか」

蔑視すら感じることがある。教師であることにプライドを持ちにくくなっているのだ。未来の担い手となる子どもたちを育む、価値ある仕事だと頭では理解していても、ことあるごとに批判やクレームを受けていたら、どれくらいの教師がその矜持を保てるだろうか。

一冊の書物の結びとしては、

「まだ間に合います」

「ここからが本当の勝負です」

といった前向きなメッセージを発したいところだが、私はあえて、

「一〇年後では遅い」

という言葉で本書を締めくくりたいと思う。この一〇年以内に学校の現状をなんとか改善できなければ、手遅れだと思っている。

内閣府の令和四年版高齢社会白書によると、将来推計人口で見る令和四七（二〇六五）年の日本は、総人口は九〇〇〇万人を割りこみ、約二・六人に一人が六五歳以上、約三・九人に一人が七五歳以上という超高齢化社会を迎えるという。

少ない若者でこの国を支えるという構図である。二〇六五年というのは、一〇年後に生まれた子どもが社会に出て仕事を覚えた年齢である。なんとか、そこまでに教師たちの窮状を救わなければ、もはや子どもたちの未来も、日本の未来も風前の灯火である。

国家百年の計である教育の在り方は、国民一人ひとりの生き方や幸せに直結するとともに、国や社会の発展の礎ともなるきわめて重要な問題である。これは文科省がよく主張している内容だが、これだけ問題が明らかになっても、「では、教育を政府方針の最重要政策にしよう」とはなっていない。

今となっては、ただ奇跡を待つばかりである。

著者略歴――――
齋藤浩 さいとう・ひろし
1963(昭和38)年、東京都生まれ。横浜国立大学教育学部初等国語科卒業。佛教大学大学院教育学研究科修了(教育学修士)。現在、神奈川県内公立小学校教諭、日本獣医生命科学大学非常勤講師。日本国語教育学会、日本生涯教育学会会員。著書に『教師という接客業』『子どもを蝕む空虚な日本語』『お母さんが知らない伸びる子の意外な行動』(いずれも草思社)、『ひとりで解決！理不尽な保護者トラブル対応術』『チームで解決！理不尽な保護者トラブル対応術』(いずれも学事出版)などがある。

追いつめられる教師たち

2024年2月29日　第1刷発行

著　者　齋藤浩
装幀者　Malpu Design(清水良洋＋佐野佳子)
発行者　碇　高明
発行所　株式会社草思社
〒160-0022　東京都新宿区新宿1-10-1
電話　営業 03(4580)7676　編集 03(4580)7680
本文組版　有限会社一企画
本文印刷　株式会社三陽社
付物印刷　株式会社平河工業社
製本所　大口製本印刷株式会社

ISBN978-4-7942-2713-3　Printed in Japan　検印省略

草思社刊

［文庫］
教師という接客業

齋藤浩 著

いびつな「顧客志向」が学校を駄目にする！　現役の公立学校教諭が接客業化によって機能不全に陥りかけている学校の現状を綴る。教育現場からの勇気ある問題提起。

本体 800円

お母さんが知らない伸びる子の意外な行動

齋藤浩 著

その「問題行動」に、すごい長所が隠れています！　ベテラン教諭が、伸びていく子どもたちの一見ちょっとヘンな行動を徹底解説。子育てに自信と安心が生まれる一冊。

本体 1,400円

子どもを蝕む空虚な日本語

齋藤浩 著

マジウザい、ヤバくね、ビミョー、ムリっ！……こんな言葉が子どもから「表現力」を奪い「考える力」を麻痺させる。現役教師が子どもに確かな言葉を身につけさせるための方策を説く。

本体 1,300円

みんなのためのルールブック
あたりまえだけど、とても大切なこと

ロン・クラーク 著
亀井よし子 訳

『あたりまえだけど、とても大切なこと』の50のルールをシンプルにした子ども版。礼儀や社会のルールを守ることの大切さを親子で考えるのに最適。オールカラー。

本体 952円

＊定価は本体価格に消費税を加えた金額です。